Guido Steinberg

Kalifat des Schreckens

IS und die Bedrohung
durch den islamistischen
Terror

Besuchen Sie uns im Internet:
www.knaur.de

Deutsche Erstausgabe April 2015
Knaur Taschenbuch
Copyright © 2015 by Knaur Taschenbuch
Ein Imprint der Verlagsgruppe
Droemer Knaur GmbH & Co. KG, München.
Alle Rechte vorbehalten. Das Werk darf – auch teilweise –
nur mit Genehmigung des Verlags wiedergegeben werden.
Redaktion: Sabine Wünsch
Umschlaggestaltung: ZERO Werbeagentur GmbH
Umschlagabbildung: picture alliance/AP Photo
Satz: Adobe InDesign im Verlag
Druck und Bindung: CPI books GmbH, Leck
ISBN 978-3-426-78772-4

5   4   3   2   1

Für meinen Lehrer George Farah (†)
und meine syrischen Freunde

Inhalt

Vorwort

Als Einheiten der Terrororganisation ISIS im Juni 2014 die nordirakische Stadt Mossul einnahmen, überraschte dies Politik, Medien und Wissenschaft in Deutschland insgesamt. Es schien allzu abenteuerlich, dass es einer terroristischen Organisation von einigen tausend Mann gelingen könnte, eine irakische Millionenstadt und weite Teile des Nordens und Westens des Landes zu erobern. Doch geschah genau dies, denn der ISIS/IS profitierte, so wie die meisten terroristischen Organisationen, von den Fehlern seiner Gegner. Im Falle des Irak war der Schuldige vor allem die von schiitischen Hardlinern dominierte Regierung des Ministerpräsidenten Nuri al-Maliki, die seit 2011 alles getan hatte, um die Sunniten und (von vielen Sunniten gewählten) Säkularisten von der Macht in Bagdad fernzuhalten. Eine regelrechte Verfolgungswelle gegen sunnitische und säkularistische Politiker und sonstige Gegner der Regierung hatte die meisten Sunniten überzeugt, dass sie im Irak von heute keine Zukunft mehr haben. Als der IS dann zu seiner großen Sommeroffensive 2014 ansetzte, war kaum ein Sunnit bereit, sich den Dschihadisten entgegenzustellen und den bestehenden irakischen Staat zu verteidigen.

Jahrelang hatte die US-Regierung ihre irakischen Verbündeten zu überzeugen versucht, dass diese Politik in die Katastrophe führen werde, fand aber kein Gehör.

In Deutschland erregten die Ereignisse großes Interesse, so groß und anhaltend wie kein nahostpolitisches Ereignis mehr seit dem Irak-Krieg von 2003. Zusammen mit der Krise in der Ukraine und in den europäisch-russischen Beziehungen trug der Vormarsch des IS dazu bei, dass viele Deutsche sich bewusster wurden, wie unsicher die Welt bereits nicht allzu weit jenseits der deutschen und europäischen Grenzen geworden ist und dass uns die Ereignisse im Irak direkt angehen. Immerhin ist das Land der unmittelbare Nachbar des NATO-Partners und EU-Beitrittskandidaten Türkei, ziehen die Flüchtlinge aus dem Irak und Syrien nach Europa und Deutschland und haben sich mehr deutsche Dschihadisten als je zuvor den Terroristen angeschlossen. Vor diesem Hintergrund ist es erstaunlich, dass die deutsche Politik den Irak vor 2014 elf lange Jahre so wenig beachtet hat, nachdem das Regime Saddam Husseins von den USA und Großbritannien gestürzt worden war. Dies war umso problematischer, als der Irak zumindest potenziell einer der größten Ölproduzenten und damit für die Weltenergieversorgung enorm wichtig ist. Will Deutschland künftigen Krisen in seiner Nachbarschaft frühzeitig begegnen, muss es im Irak, im Nahen Osten insgesamt und in Nordafrika eine weitsichtigere, aktivere und vielleicht auch robustere Politik führen.

Dieses Buch soll dazu beitragen, eine klarere Sicht auf die Ereignisse im Irak und Syrien und vor allem auf die Organisation IS zu gewinnen. Denn obwohl der Sturm auf Mossul überraschte, war die Terrorgruppe seit 2002 bekannt und hatte unter den Namen »at-Tauhid«, »at-Tauhid wa-l-Dschihad«, »al-Qaida in Mesopotamien«, »Islamischer Staat im Irak« (ISI) und zuletzt »Islamischer Staat im Irak und Syrien« (ISIS) immer wieder fürchterliche Gewalttaten verübt. Seit 2010 war der ISI kontinuierlich erstarkt und hatte nicht nur immer mehr Anschläge mit immer höheren Opferzahlen verübt, sondern war auch zahlenmäßig angewachsen. So hatte er schon Ende 2013 die Stadt Falludscha eingenommen und seitdem nicht mehr aufgegeben. Jeder, der sich mit den Ursachen dieser Entwicklung befasst und die Ursprünge des IS, die Lebensläufe seiner Führer, seine antischiitische Ideologie, seine Bürgerkriegs- und Chaosstrategie und seine brutalen Gewalttaten und die multinationale Herkunft seiner Kämpfer bis zu den frühen Tagen der Organisation in einem kleinen Trainingscamp im afghanischen Herat im Jahr 2000 zurückverfolgt, wird besser verstehen, wie es dem IS 2014 gelingen konnte, zu einem der wichtigsten Probleme der Weltpolitik zu werden.

Dieses Buch ist das Ergebnis langjähriger Arbeit, und viele haben durch ihre Informationen, ihre Diskussionsbereitschaft und Hinweise auf Quellen und Literatur dazu beigetragen, meine Sicht auf die irakischen und syrischen Dschihadisten zu schärfen. Genannt werden soll hier vor allem Yassin Musharbash, der den IS und al-Qaida kennt und versteht wie sonst kaum einer in Deutschland. Ähnliches gilt für Nicole Renvert und ihre lange USA-Erfahrung, sie hat mit mir immer wieder die US-amerikanische Politik diskutiert. Karim Hafez hat bei der Suche nach arabischen Quellen und ihrer Auswertung geholfen. Doch ein Buch ist weit mehr als sein Inhalt, und Ilka Heinemann von Droemer Knaur und Leslie Gardner und Darryl Samaraweera von Artellus haben es möglich gemacht. Besonderer Dank gilt Sabine Wünsch für ihre sorgsame Lektorierung des Manuskripts.

Prolog:
Der Kalif von Mossul

Anfang Juli 2014 erschien auf dschihadistischen Webseiten ein aufsehenerregendes Video einer Rede Abu Bakr al-Baghdadis in einer bekannten Moschee in der nordirakischen Stadt Mossul. In dieser Rede rief sich der Anführer der Terrororganisation »Islamischer Staat im Irak und Syrien« (ISIS) selbst zum Kalifen aus. Seine Organisation, so Baghdadi, heiße von jetzt ab nur noch »Islamischer Staat« (IS), denn er, der Kalif, sei nicht nur der rechtmäßige Herrscher des Irak und Syriens, sondern aller muslimischen Länder weltweit.

Der Auftritt am 4. Juli war eine Sensation, nicht nur, weil sich der bisher im Untergrund operierende Baghdadi hier zum ersten Mal öffentlich zeigte, sondern auch, weil sein Anspruch auf den Kalifentitel so absurd zu sein schien. »Kalif« bezeichnet den Nachfolger des Propheten Mohammed als Oberhaupt aller Muslime und war zuletzt – bis zum Jahr 1924 – vom mächtigen Osmanensultan Abdülmecid II. in Konstantinopel geführt worden. Kalif Ibrahim – wie sich Baghdadi nun nennen ließ – befehligte hingegen nur eine Terrororganisation von einigen tausend Mann. Dieser Schwäche dürfte Baghdadi sich bewusst gewesen sein, denn in einer Tonbandbotschaft, die kurz nach seinem Auftritt erschien und in der er seinen Schritt erläuterte, sagte er:

»Die Muslime wurden besiegt, nachdem ihr Kalifat gestürzt war; anschließend verschwand auch ihr Staat. Die Ungläubigen schafften es, die Muslime zu erniedrigen und zu schwächen und überall die Herrschaft über sie zu übernehmen, ihre Güter und Bodenschätze zu rauben und ihre Rechte zu stehlen. Dies geschah, indem die Ungläubigen sie mit Kriegen überzogen, ihre Länder besetzten und verräterische Agenten als Herrscher einsetzten, die die Muslime mit Feuer und Schwert beherrschten und betrügerische und wohlklingende Parolen verbreiteten wie Zivilisation, Frieden, Koexistenz, Freiheit, Demokratie, Säkularismus, Baathismus, Nationalismus und Vaterlandsliebe … Diese Herrscher bemühen sich weiterhin darum, die Muslime zu versklaven und sie mit diesen Parolen von ihrer Religion abzubringen, mit dem Ergebnis, dass die Muslime sich entweder vom Islam abwenden und zu Ungläubigen werden … oder unterdrückt, bekriegt und vertrieben werden, getötet, inhaftiert und brutal gefoltert werden, nachdem man ihnen vorgeworfen hat, Terroristen zu sein.«[1]

Der »Islamische Staat« und das Kalifat sollten nun ein neues Zeitalter einläuten, in dem die Muslime zurück zu alter Größe finden würden:

»Frohlocket und erwartet Gutes und erhebet Eure Häupter. Denn Ihr habt heute dank der Huld Gottes einen Staat und ein Kalifat, das Eure Würde und Eure Größe wiederherstellt und Eure Rechte und Eure Souveränität zurückgewinnt. Ein

Staat, in dem der Perser und der Araber, der Weiße und der Schwarze, der Orientale und der Westler gemeinsam als Brüder leben. Ein Kalifat, das den Kaukasier, den Inder und den Chinesen, den Syrer, Iraker und Jemeniten, den Ägypter, Marokkaner und Amerikaner, den Franzosen, Deutschen und den Australier vereint. Gott versöhnte sie miteinander, und sie wurden Brüder, die einander für Gott lieben und die in einem Schützengraben stehen, wo sie einander verteidigen und beschützen und sich füreinander opfern. Ihr Blut wurde unter einer Flagge und einem gemeinsamen Ziel und in einem Heerlager eins, und sie genießen diesen Segen, den Segen der Bruderschaft im Glauben, der, wenn die Könige nur seinen Geschmack schmeckten, sie ihre Königreiche verließen und um diesen Segen kämpften. Und Dank sei Gott.«[2]

Voraussetzung sei jedoch, dass die (wahren) Muslime in das Land des Islam im Irak und Syrien auswanderten, um dort gegen die Feinde des Glaubens zu kämpfen:

»O Ihr Muslime, kommt also rasch in Euren Staat, ja Euren Staat. Kommt rasch zu ihm. Denn Syrien gehört nicht den Syrern, der Irak gehört nicht den Irakern, sondern die Erde gehört Gott allein, der sie demjenigen unter seinen Dienern zum Erbe gibt, den er auserwählt … Dieser Staat ist der Staat der Muslime, die Erde die Erde der Muslime, aller Muslime. O Ihr Muslime, wo immer Ihr auch seid, wer in den islamischen Staat auswandern kann, der soll dies tun, denn die Auswanderung in das Haus des Islam ist eine Pflicht.«[3]

So grotesk der Auftritt Baghdadis in schwarzem Turban, schwarzem Gewand und mit langem schwarz-grauem Bart auf viele Beobachter auch wirkte, so spiegelte er doch das große Selbstbewusstsein des Irakers und seiner Organisation wider, das auf die spektakulären Erfolge von ISIS in den Monaten zuvor zurückging. Seit April 2013 war ISIS offen im benachbarten Syrien aufgetreten und hatte dort die Kontrolle über weite Teile des Ostens und Nordens erlangt. Im Irak war es den Truppen Baghdadis Ende 2013 gelungen, ihre alte Hochburg Falludscha einzunehmen und gegen wütende Angriffe der Regierungstruppen zu halten. Anfang Juni 2014 eroberten Einheiten des ISIS die Millionenstadt Mossul im Nordirak und schienen sogar die Hauptstadt Bagdad zu bedrohen. Als Baghdadi das Kalifat ausrief, herrschte seine Organisation schon über weite Teile des Nord- und Westirak ebenso wie über die angrenzenden Teile Syriens; die fast hundert Jahre alte Grenze zwischen den beiden Ländern wurde Makulatur. Die oft belächelte Behauptung Baghdadis, einen eigenen »islamischen Staat« zu beherrschen, klang jetzt nicht mehr ganz abwegig.

Es zeigte sich schnell, dass viele Dschihadisten aus aller Welt seiner Propaganda glaubten. Bereits 2013 waren zahlreiche ausländische Kämpfer zu ISIS übergelaufen, und seit Mitte 2012 waren mindestens 15 000 Ausländer nach Syrien gereist, um den bedrängten Muslimen in ihrem Kampf gegen den Tyrannen Bashar al-Assad zur Seite zu stehen. Saudi-Araber, Marokkaner und Tunesier stellten die größten Gruppen, doch auch Türken, Jordanier, Libyer und zahlreiche Kaukasier waren vertreten. Besonders erschreckend war die hohe Zahl der Europäer: Bis Ende 2014 waren mehr als 3000 nach Syrien gezogen, unter ihnen mindestens 550 Deutsche. Obwohl die ausländischen Freiwilligen die Wahl zwischen zahlreichen Rebellengruppen hatten, schlossen sich die meisten dem IS an und machten die Organisation des Möchtegernkalifen so zur vielleicht stärksten Dschihadistengruppe überhaupt.

Der rasche und für viele unerwartete Aufstieg des IS führte zu einem Konflikt mit der mächtigen al-Qaida, die seit den Anschlägen des 11. September 2001 die führende dschihadistische Organisation gewesen war, doch 2014 nur mehr ein Schatten ihrer selbst war. Seit dem Tod Osama Bin Ladens in Abbottabad 2011 führte sein ehemaliger Vize Aiman az-Zawahiri die Geschäfte der Terrororganisation. Wenig charismatisch und bei vielen Anhängern umstritten, gelang es dem Ägypter nicht, das Al-Qaida-Netzwerk von seinem Versteck irgendwo in Pakistan aus zu kontrollieren. Dies zeigte sich besonders schmerzlich am Fall des IS, der 2004 durch einen Treueeid seines damaligen Führers Abu Musab az-Zarqawi formal zur offiziellen Al-Qaida-Filiale im Irak geworden war. Die Ausrufung des Kalifats bedeutete nichts anderes, als dass Baghdadi nicht bereit war, sich Zawahiri unterzuordnen, dass er vielmehr die Führung der Dschihadisten weltweit übernehmen wollte. Vor allem der Zustrom von ausländischen Kämpfern machte klar, dass ihm dies gelingen könnte.

Die Proklamation des Kalifats und des »Islamischen Staates« könnte so zu einem Epochendatum für den islamistischen Terrorismus werden und den endgültigen Niedergang von al-Qaida einläuten – die jedoch von dem noch kompromissloseren, fanatischeren und brutaleren IS abgelöst würde. Inwieweit es Baghdadi und seinen Mitstreitern gelingt, an die Stelle von al-Qaida zu treten und zu einer ernsthaften Bedrohung für die westliche Welt zu werden, wird sich vor allem im Irak und Syrien entscheiden. Sollte der IS in der Lage sein, sich auf Jahre hinaus in den heute von ihm kontrollierten Gebieten und

Städten festzusetzen, könnte die Wachablösung tatsächlich gelingen und IS zur gefährlichsten Terrororganisation weltweit werden. Ende 2014 wiesen alle Indizien darauf hin, dass es lange dauern dürfte, IS aus seinen Hauptstädten Mossul und Raqqa zu vertreiben und den irakischen und den syrischen Staat – in welcher Form auch immer – zu stabilisieren.

Dies ist ein besonders erstaunlicher Befund, wenn man bedenkt, dass der erste Vorläufer des IS erst im Jahr 2000 gegründet wurde. Als der jordanische Terrorist Abu Musab az-Zarqawi mit einer Handvoll Getreuer nahe der afghanischen Stadt Herat ein Trainingslager gründete, konnte niemand voraussehen, dass die Truppe seines Nachfolgers Baghdadi nur vierzehn Jahre später die Weltpolitik erschüttern würde.

1

Eine neue Terrororganisation:
Die Gründung durch
Abu Musab az-Zarqawi

E s waren erstaunliche Details über die Frühgeschichte des IS, die der Al-Qaida-Militärchef Saif al-Adl im Juni 2005 in einem offenen Brief erzählte, der schnell die Runde in allen dschihadistischen Internetforen machte. Der Ägypter berichtete, dass Abu Musab az-Zarqawi im Jahr 2000 mit nur vier Gefährten aufbrach, um bei Herat ein Trainingscamp für eine eigene, von al-Qaida unabhängige Gruppierung zu errichten. Saif al-Adl hatte die kleine Truppe im Auftrag Bin Ladens in den afghanischen Westen begleitet und ihr jede nur mögliche Unterstützung zugesagt. Dennoch dürfte die Zuversicht seiner Beschreibung eher seine Sicht des Jahres 2005 als seine Gedanken Anfang 2000 widerspiegeln, denn er schrieb:

> »Wir verließen Abu Musab und seine Gefährten Khalid [al-Aruri] und Abd al-Hadi [Daghlas] und die [zwei] syrischen Brüder. Wir waren überzeugt, dass sie mit ihrem Projekt außerordentlich großen Erfolg haben würden, denn sie alle waren von großer Entschlossenheit, die allein es schaffen kann, Berge zu versetzen.«[1]

Der sich anschließende Bericht über erste Verstärkungen vermittelte jedenfalls nicht den Eindruck, es mit einer Kraft der Zukunft zu tun zu haben:

> »Wir fanden, dass die beiden syrischen Familien, die nach Herat gekommen waren, aus 13 Personen bestanden. Darunter der Familienvater und drei Jugendliche älter als 16 Jahre, zwei Frauen und sechs Mädchen. Hiermit betrug die Zahl der Araber in Herat 18 Personen.«[2]

Zwar sollen Zarqawi und seine Gefährten laut Saif al-Adl geglaubt haben, dass Hunderte Gesinnungsgenossen aus Jordanien und den Nachbarländern sich ihnen anschließen würden, und tatsächlich wuchs die Kämpferzahl in den kommenden Monaten auf einige Dutzend an. Dennoch gab es damals keinen nachvollziehbaren Grund zu glauben, dass aus dieser kleinen Schar innerhalb von nur vier Jahren eine der stärksten terroristischen Organisationen weltweit werden würde. Noch weniger zeichnete sich ab, dass der spätere IS nach einem spektakulären Comeback im Sommer 2014 weite Teile des Irak und Syriens kontrollieren und zu einem der Hauptthemen der Weltpolitik werden würde.

Dass die kleine syrisch-jordanische Gruppe schnell wachsen konnte, lag vor allem an ihrem Anführer. Abu Musab az-Zarqawis Ziel war der Sturz der Monarchie in Jordanien und die »Befreiung« Jerusalems von den Israelis, und zu diesem Zweck wollte er eine Gruppierung aufbauen, die nicht nur aus Jordaniern und Palästinensern, sondern auch aus Syrern, Libanesen und Irakern bestehen sollte. Diese Nationalitäten waren in der al-Qaida kaum vertreten, sodass Saif al-Adl und andere Führungspersönlichkeiten eine Chance sahen, als Zarqawi Ende

1999 in Afghanistan eintraf: Bin Laden hoffte, mit Hilfe von Zarqawi Anhänger im nördlichen fruchtbaren Halbmond zu gewinnen und langfristig an al-Qaida binden zu können, und unterstützte deshalb das Projekt. Er konnte nicht ahnen, dass er dabei half, den schärfsten Konkurrenten von al-Qaida um die Führung der dschihadistischen Bewegung aufzubauen.

Der neue Bin Laden

Abu Musab az-Zarqawi wurde als Ahmad al-Khalaila am 30. Oktober 1966 im jordanischen Zarqa geboren und nannte sich später nach seiner Heimatstadt (Zarqawi = der aus Zarqa kommt). Zarqa liegt ungefähr 25 Kilometer nordöstlich der Hauptstadt Amman, ist mit rund 800 000 Einwohnern die dritt- größte Stadt Jordaniens und ebenso wie das direkt angrenzen- de palästinensische Flüchtlingslager Rusaifa sehr arm; die Ar- beitslosigkeit ist hoch, besonders unter Jugendlichen. Bereits in den 1970er Jahren wurden beide Orte zu Zentren des jorda- nischen Salafismus und ab 1991 zudem des Dschihadismus. Der vielleicht wichtigste Grund war, dass 1991 rund 250 000 Palästinenser aus Kuwait nach Jordanien deportiert wurden – rund 160 000 von ihnen zogen nach Zarqa. Die Kuwaitis nah- men mit dieser Aktion Rache dafür, dass die Palästinensische Befreiungsorganisation PLO sich im Konflikt mit dem Irak auf die Seite Saddam Husseins gestellt hatte. Die Rückkehrer ver- schärften nicht nur die wirtschaftlichen und gesellschaftlichen Probleme, sondern sie brachten auch dschihadistisches Gedan- kengut vom Persischen Golf nach Jordanien.

Der für die Geschichte Zarqawis, der irakischen al-Qaida und des IS wichtigste palästinensische Deportierte war Isam al-Barqawi alias Abu Muhammad al-Maqdisi, der lange der ideologische Mentor Zarqawis war und bis heute der vielleicht wichtigste religiöse Vordenker der dschihadistischen Bewegung ist. Maqdisi wurde 1959 in einem Dorf bei Nablus im palästinensischen Westjordanland geboren, wuchs aber in Kuwait auf und geriet gegen Ende der 1970er Jahre unter den Einfluss militanter Islamisten. Er brach ein naturwissenschaftliches Studium im irakischen Mossul ab und begab sich für zwei Jahre an die Islamische Universität von Medina, wo er sich intensiv mit dem Gedankengut der Wahhabiya befasste – derjenigen Reformbewegung, die weitgehend deckungsgleich mit dem heutigen Salafismus ist und eine der wichtigsten ideologischen Wurzeln des Dschihadismus bildet. Die wahhabitischen Einflüsse finden sich auch in seinem Hauptwerk, dem 1984 erschienenen Buch »Die Gemeinschaft Abrahams« (Millat Ibrahim), in dem er sich auf das angebliche Vorbild des Propheten Abrahams und einen Koranvers (60:4) bezieht, aus dem er das dschihadistische Konzept der »Loyalität (gegenüber dem einzigen Gott) und des Vermeidens von Polytheismus und seiner Anhänger« (arabisch kurz *al-wala' wa-l-bara'*) ableitet. Demzufolge ist es die Pflicht des Gläubigen, den Unglauben vieler nomineller Muslime als solchen zu benennen und ihnen gegenüber eine offen feindselige Haltung einzunehmen.[3] Im Kern handelt es sich um eine religiöse Rechtfertigung für die Abgrenzung der Dschihadisten von ihrer Umwelt und für den Kampf gegen die nominell muslimischen Regime in der arabischen Welt. »Die Gemeinschaft Abrahams« hatte besonders großen Erfolg unter den arabischen Kämpfern in Afghanistan und Pakistan, wohin Maqdisi wie so viele saudi-arabische Studenten in den 1980er Jahren reiste und wo er einige Jahre verbrachte. Bis heute gilt das Buch als eines der Standardwerke des Dschihadismus, und es wird in den aktuellen Publikationen von IS immer wieder zitiert.

Der junge Abu Musab lernte Maqdisi im pakistanischen Peschawar kennen, wohin er im Jahr 1989 reiste, um sich am Kampf der Afghanen zu beteiligen. In den vorangegangenen Jahren war Zarqawi in seinem Heimatviertel in Zarqa Mitglied einer Jugendgang gewesen und vor keiner Auseinandersetzung zurückgeschreckt, was ihm den Ruf eines Schlägers einbrachte.[4] Er hatte die Schule abgebrochen, und in einigen Quellen ist von Alkoholmissbrauch und dem Vorwurf sexueller Belästigung die Rede. In einer Nachbarschaftsmoschee zum Salafismus bekehrt, schloss sich Zarqawi den jordanischen Afghanistankämpfern an und reiste nach Pakistan. Dort soll er als Korrespondent für die Zeitschrift *Das festgefügte Band* (al-Bunyan al-marsus) gearbeitet haben und knüpfte er seine ersten Kontakte zu Dschihadisten aus anderen arabischen Ländern. Wie so viele andere arabische Afghanistankämpfer kam er zwar erst am Hindukusch an, als die sowjetischen Truppen bereits abgezogen waren, doch soll er 1991 an der Einnahme der ostafghanischen Stadt Khost teilgenommen haben und auch bei dem Einmarsch der Aufständischen in Kabul im April 1992 beteiligt gewesen sein.

Nach seiner Rückkehr nach Jordanien 1992/93 begann Zarqawi seine dschihadistische Karriere. Gemeinsam mit Abu Muhammad al-Maqdisi gründete er die Tauhid-(Monotheismus)Gruppe, die später auch als Baiat al-Imam (Gefolgschaft des Imam) bekannt wurde. Sie legten kleine Waffenlager mit Handfeuerwaffen und Handgranaten an, mit denen sie zuerst trainieren und anschließend von Jordanien aus israelische Ziele angreifen wollten. Doch im März 1994 wurden sie, ebenso wie weitere Gruppenmitglieder, von den jordanischen Behörden verhaftet und zu fünfzehn Jahren Gefängnis verurteilt. Erst die folgenden fünf Jahre machten Zarqawi zu einem führenden jordanischen Dschihadisten.

Maqdisi war der erste Emir der Tauhid-Gruppe, aber er interessierte sich mehr für ideologische Fragen und seine Tätigkeit als dschihadistischer Schriftsteller als für alles Praktische. Der eher zur Tat neigende Zarqawi hingegen blieb zwar intellektuell und rhetorisch weit hinter seinem Mentor zurück, doch zeigte er im Gefängnis schnell seine Führungsqualitäten. Seiner Defizite schmerzlich bewusst, durchlief er eine intensive religiöse und ideologische Schulung und lernte den gesamten Koran auswendig. Dass er gefoltert wurde, nährte seinen Hass auf den jordanischen Staat und dessen Vertreter. Wild entschlossen, sich eines Tages zu rächen, profilierte er sich als Vertreter der dschihadistischen Gefangenen gegenüber der Gefängnisverwaltung, sodass Maqdisi ihm im Sommer 1996 die Führung der Gruppe übertrug und sich fortan auf seine Studien beschränkte. Schon Mitte der 1990er Jahre war Zarqawi so zu einer Führungsfigur für Hunderte jordanische Dschihadisten geworden, konnte wegen der gegen ihn verhängten Haftstrafe aber kaum hoffen, den bewaffneten Kampf in naher Zukunft aufnehmen zu können.[5]

Die Gelegenheit ergab sich überraschend, als Zarqawi und viele andere Islamisten im Februar 1999 anlässlich der Thronbesteigung von König Abdallah II. begnadigt wurden. Bereits Anfang 2000 fahndeten die jordanischen Behörden erneut nach ihm, weil sie vermuteten, er sei an der Planung von Anschlägen zum Jahrtausendwechsel in Jordanien beteiligt gewesen, doch zu diesem Zeitpunkt hatte sich Zarqawi bereits nach Pakistan abgesetzt. Dass er von dort überhaupt in das Al-Qaida-Hauptquartier im afghanischen Kandahar gelangte, war einem Zufall geschuldet. Eigentlich hatte der Jordanier wie so viele seiner Landsleute geplant, sich dem bewaffneten Kampf in Tschetschenien anzuschließen, aber bevor er seine Planungen abgeschlossen hatte, lief sein Visum aus, und er musste Pakistan rasch verlassen. Da ihn in Jordanien das Gefängnis erwartete, blieb ihm keine Wahl, als ins Nachbarland zu reisen und bei Bin Laden und Co. um Hilfe zu bitten.[6]

Die Hilfe wurde gewährt, und das kleine Trainingslager in Herat wuchs trotz der bescheidenen Anfänge schnell, denn al-Qaida half auch bei der Anreise jordanischer, palästinensischer und syrischer Kämpfer über den Iran. Unter den Jordaniern und den Palästinensern war Zarqawi seit seiner Zeit im Gefängnis zu (damals noch bescheidener) Prominenz gelangt, und die Nachricht von der Gründung einer Gruppe, die sich selbst »at-Tauhid« nannte – unter den Arabern Afghanistans aber auch als »Armee Groß-Syriens« (Dschund ash-Sham) bekannt wurde – und ein eigenes Trainingslager eröffnet hatte, verbreitete sich schnell. Schon nach kurzer Zeit soll die Zahl der waffenfähigen Bewohner des Camps auf über vierzig gestiegen sein. Ein weiteres Anwachsen der Organisation wurde jedoch durch den Beginn der amerikanischen Intervention in Afghanistan im Oktober 2001 und das schnelle Vorrücken der mit den USA verbündeten Nordallianz verhindert. Zarqawi und seine Gefolgsleute setzten sich zunächst nach Kandahar und anschließend nach Pakistan und Iran ab.

Die iranische Hauptstadt Teheran wurde für wenige Monate der neue Zufluchtsort Zarqawis und seiner Anhänger. Ihre Lage war schwierig, denn die iranische Führung zeigte keine Sympathien für die ungebetenen Gäste, und viele konnten nicht in ihr Heimatland zurückkehren, da dort nach ihnen gefahndet wurde. Der Jordanier versuchte, über Gefolgsleute in

Europa neue Pässe zu besorgen, um seine Mitstreiter in Sicherheit zu bringen. Als iranische Sicherheitskräfte einige der Hotels stürmten, in denen Zarqawis Leute untergebracht waren, verhafteten sie 23 Mann – darunter mit Khalid al-Aruri (alias Abu al-Qassam) Zarqawis Stellvertreter – und damit einen Großteil der Mitglieder der jungen Organisation. Zarqawi selbst konnte sich dem Zugriff der Iraner entziehen und floh mit einigen Getreuen kurz darauf in den kurdischen Nordirak.[7]

Irakisch-Kurdistan hatte sich infolge des Kuwaitkrieges 1991 faktisch aus dem irakischen Staatsverband gelöst. Die beiden Kurdenführer Masud Barzani (der später Präsident Irakisch-Kurdistans werden sollte) und Dschalal Talabani (der 2005 bis 2014 als Präsident des Irak amtierte) beherrschten das Gebiet, das nur aufgrund des Schutzes der amerikanischen Luftwaffe – die im Nordirak seit 1992 eine Flugverbotszone für Kampfflugzeuge des Regimes von Saddam Hussein sicherte – eine immer gefährdete Autonomie bewahren konnte. Doch die kurdische Regierung war zerstritten und schwach, sodass es kurdischen Dschihadisten in einer kleinen Enklave in der südlichen Provinz Sulaimaniya gelang, die Macht zu übernehmen und sich der Angriffe der Talabani-Milizen zu erwehren. Es handelte sich um einige Dörfer in einer Bergregion in der Umgebung der Stadt Halabdscha direkt an der iranischen Grenze. Die kurdischen Dschihadisten nannten sich seit Dezember 2001 »Helfer des Islam« (Ansar al-Islam) und wurden für die nächsten Jahre die wichtigsten Verbündeten Zarqawis im Irak.[8] Im Verlauf des Jahres 2002 baute Zarqawi von diesem Refugium aus seine Organisation für den bevorstehenden Kampf im Irak um.

Noch im Oktober 2002 verübte die Zarqawi-Gruppe ihren ersten terroristischen Anschlag. Das Opfer war der US-Amerikaner Lawrence Foley, der in der jordanischen Hauptstadt Amman für die staatliche amerikanische Entwicklungshilfeorganisation Agency for International Development (USAID) arbeitete und Diplomatenstatus hatte. Die beiden Täter, ein Jordanier und ein Libyer, lauerten Foley morgens vor seinem Haus in der ruhigen Mittelschicht-Wohngegend Abdoun auf und erschossen ihn mit einer Pistole mit Schalldämpfer aus nächster Nähe. Der Mord war keine anspruchsvolle Operation, denn Foley war ein vollkommen wehrloser gesetzter Herr von sechzig Jahren, der auf dem Weg zu seinem Auto war und nicht beschützt wurde. Zunächst blieb unklar, zu welcher Organisation die Attentäter gehörten, denn es bekannte sich eine unbekannte Gruppe namens »die Edlen Jordaniens« (Shurafa al-Urdunn) verantwortlich, die als Motiv das amerikanische Blutvergießen im Irak und die Hilfe der USA für Israel nannte.[9] Nach ihrer Verhaftung gaben die Mörder jedoch an, im Auftrag Zarqawis gehandelt zu haben.

Auch der Anschlag auf Lawrence Foley ließ noch nicht vermuten, dass die Zarqawi-Gruppe innerhalb kurzer Zeit zu einer der gefährlichsten Terrororganisationen weltweit werden würde. Doch die Tat verunsicherte die große westliche Gemeinde in Amman, das bis dahin als sicherer Aufenthaltsort gegolten hatte, und der ungeklärte Mord an einem israelischen Geschäftsmann in demselben Viertel rund ein Jahr vorher erschien nun in einem anderen, bedrohlicheren Licht. Der Anschlag auf Foley war gleichsam eine terroristische Absichtserklärung: Zarqawi machte klar, dass seine Aktivitäten nicht nur seinem Heimatland galten, sondern dass er auch auf die USA und den Westen insgesamt abzielte. Noch aber fehlte ihm eine auch nur halbwegs sichere Basis, von der aus er diesen Kampf führen konnte.

Die Tauhid-Zelle in Deutschland

Nach dem Verlust des Stützpunktes in Afghanistan war Deutschland der wichtigste Brückenkopf der Zarqawi-Organisation. Nur wenige Monate vor dem Mord an Foley hatten die deutschen Behörden einen Anschlagsplan einer kleinen Schar palästinensischer Terroristen vereitelt, die zu Zarqawis Tauhid-Gruppe gehörten. Diese Deutschlandverbindung bestand bereits seit dem Jahr 2000 oder sogar noch länger. In seiner Darstellung der Frühgeschichte der at-Tauhid in Afghanistan schreibt Saif al-Adl von einer syrischen Familie, die aus Europa nach Herat kam. Der Al-Qaida-Militärchef führt aus:

>»Nachdem er zwei Jahre in Herat gearbeitet und aufgebaut hatte, begann Abu Musab zu überlegen, ob er diejenigen Gefährten, denen er vertraute, in Regionen außerhalb Afghanistans schicken solle, damit sie dort Männer rekrutierten und Geld sammelten. Soweit ich mich erinnere, wurde der Anfang in der Türkei und in Deutschland gemacht, weil die syrischen Brüder, die zu ihm gestoßen waren, gute Beziehungen in beiden Ländern hatten.«[10]

Zumindest einer dieser »syrischen Brüder« wurde in den kommenden Jahren zu einer schillernden Gestalt der dschihadistischen Szene und zum wichtigsten Bindeglied zwischen der Zarqawi-Organisation im Nahen Osten und ihren Unterstützern in der Türkei und in Europa. Es handelte sich um Luai Sakka aus Aleppo, dessen Familie 1960 aus der Kurdenmetropole Diyarbakir in der Südosttürkei nach Syrien umgesiedelt war. Der 1974 geborene Sakka stieß schon Mitte der 1990er Jahre zu al-Qaida in Afghanistan, schloss sich im Jahr

2000/2001 jedoch Zarqawis Tauhid-Gruppe in Herat an. Für beide Organisationen wirkte der fließend Türkisch sprechende Syrer vor allem als Logistiker mit Schwerpunkt in der Türkei. Seine Deutschlandverbindung scheint 1997 im Trainingscamp Khalden in Afghanistan entstanden zu sein, wo er den deutschen Konvertiten Christian Kasprowicz kennenlernte, der ebenso wie ein weiterer konvertierter Bruder eine Schwester Sakkas heiratete. In den folgenden Jahren tauchte Sakka mehrfach in Deutschland auf, wo er von September 2000 bis Juli 2001 in Schramberg im Schwarzwald als Asylbewerber gemeldet war, ohne dass er seine Reisen in die Türkei, den Nahen Osten und nach Afghanistan aufgab.[11]

Als 2003 der Aufstand im Irak ausbrach, schloss sich Sakka seinem Chef Zarqawi an. Nach seiner Verhaftung 2005 sollte er damit prahlen, im Irak gekämpft und an Geiselnahmen und Hinrichtungen teilgenommen zu haben.[12] Dennoch blieb seine wichtigste Funktion die eines Verbindungsmannes nach Syrien und in die Türkei. Vor allem im Vorfeld der Bombenattentate in Istanbul im November 2003 – die von türkischen Medien »der türkische 11. September« getauft wurden – spielte er eine entscheidende Rolle. Am 15. und 20. November attackierten Selbstmordattentäter zwei Synagogen mit Autobomben; am 20. November griffen zwei weitere Terroristen die britische HSBC-Bank und das britische Konsulat an. 57 Menschen starben und fast 400 wurden verletzt. Der Anschlag war von Bin Laden und al-Qaida in Afghanistan in Auftrag gegeben worden, doch später übernahm Zarqawi die logistische Unterstützung. In dessen Auftrag half Sakka den Attentätern mit rund 160 000 US-Dollar und schleuste einige überlebende Terroristen über seine Heimatstadt Aleppo in den Irak. Im August 2005 wurde der Syrer verhaftet. Er bereitete einen Selbst-

mordanschlag auf israelische Kreuzfahrtschiffe im Touristen-
zentrum Antalya in der Südtürkei vor, als die Materialien zum
Bombenbau in einer angemieteten Wohnung Feuer fingen.
Sakka und ein Komplize mussten fliehen, doch die nun alar-
mierte Polizei fahndete nach den beiden und nahm Sakka, der
120 000 US-Dollar in bar bei sich trug, am Flughafen von Diyarbakir fest.[13]

Sakka scheint in Deutschland hauptsächlich den Kontakt zu
Zarqawi-Anhängern gehalten zu haben, die für die Beschaf-
fung von gefälschten Pässen und das Sammeln von Spenden
verantwortlich waren. Die zentrale Person in diesem kleinen
Netzwerk war der Palästinenser Muhammad Abu Dhess im
nordrhein-westfälischen Essen, der unter Gleichgesinnten vor
allem unter seinem Aliasnamen Abu Ali bekannt war. Der 1964
geborene Abu Ali hat Zarqawi allem Anschein nach schon seit
einigen Jahren gekannt, als er im Herbst 2001 ins Visier der
deutschen Sicherheitsbehörden geriet. Er stammte aus einem
palästinensischen Flüchtlingslager in Irbid, einer Hochburg
der jordanischen Dschihadisten in Nordjordanien, rund sechzig Kilometer von Zarqawis Heimatstadt Zarqa entfernt. Obwohl er ein Universitätsstudium in Wirtschaftswissenschaften
abschloss und sogar in der jordanischen Basketball-National-
mannschaft spielte, fand er keine angemessene Arbeit und
schlug sich als Sänger in Hotels durch. 1992 reiste Abu Ali
erstmals nach Deutschland, wo sein Asylantrag jedoch abgelehnt wurde. Nach einigen Monaten in der Illegalität kehrte er
nach Jordanien zurück und wandelte sich schnell zum Salafisten. Er gab Musik und Sport auf, ließ sich einen Bart wachsen
und arbeitete als Muezzin. Parallel studierte er religiöse Texte
und wurde von jungen Leuten in seiner Umgebung schnell als
religiöse Autorität anerkannt. 1995 beantragte er ein weiteres

Mal Asyl in Deutschland, diesmal aber als Iraker. Obwohl sein Antrag erneut abgelehnt wurde, erhielt er eine Duldung. In den folgenden Jahren lebte er in Essen, bezog Sozialhilfe und begann seine Karriere als dschihadistischer Logistiker: Er sammelte Spendengelder, beschaffte Reisepässe, Visa und Aufenthaltsgenehmigungen und schleuste Kämpfer nach Afghanistan.[14]

Als Ende 2001 und Anfang 2002 neue Reisedokumente für Zarqawi und die mit ihm in den Iran geflohenen Gefolgsleute und ihre Familien überlebenswichtig wurden, begann Abu Ali fieberhaft nach entsprechenden Papieren zu suchen. Geld scheint kein Problem gewesen zu sein, denn Aussagen eines seiner Mitstreiter zufolge trieb der Palästinenser regelmäßig Summen zwischen 80 000 und 300 000 Deutsche Mark ein, die er nach Afghanistan schickte. Auch Vertreter der al-Qaida und ägyptischer Gruppen sollen ihm Geld zum Weiterversand anvertraut haben.[15] Insgesamt soll die Tauhid-Gruppe 110 Pässe angefordert haben, vor allem kuwaitische und saudi-arabische, aber auch portugiesische, spanische, französische und in einzelnen Fällen deutsche, österreichische und dänische.[16] Mindestens vierzig der geforderten Reisedokumente konnte die Gruppe tatsächlich besorgen und über Kuriere in den Iran bringen, da Abu Ali auch sehr gute Kontakte zu Passfälscher- und Dschihadistenkreisen in Großbritannien, Dänemark und Belgien unterhielt. Er gab außerdem mehrere 10 000 Euro an Mitstreiter weiter, die ihre Kontakte ins kriminelle Milieu nutzten, bis die kleine Gruppe von insgesamt vier Palästinensern im April 2002 verhaftet wurde.

Die Verhaftungen erfolgten allerdings nicht aufgrund der Versuche, Zarqawi und seine Kämpfer mit Pässen zu versorgen. Vielmehr hatte Abu Ali bereits am 7. September 2001 bei einem Treffen mit Zarqawi in Teheran den Auftrag erhalten, in Deutschland Anschläge auf jüdische oder israelische Ziele zu verüben. Einige Tage später war er zurück in Deutschland und informierte die Mitglieder seiner Gruppe von der bevorstehenden »Hochzeit«. Wie entschlossen Abu Ali war, zeigte sich, als er in einem Gespräch mit Zarqawi vom Oktober seine Bereitschaft zu einem Selbstmordanschlag erklärte:

»Bei Gott, Shaikh, ich schwöre bei Gott, ich schwöre, wenn du mir befehlen würdest, in den Tod zu gehen, würde ich es – mit der Erlaubnis Gottes, des Erhabenen – tun ... Ich schwöre bei Gott, dass ich keine Angst, keine Angst ... habe. ... Vorgestern oder vor ein paar Tagen habe ich mich mit meiner Mutter in Verbindung gesetzt und sie gebeten, mir in ihren Gebeten ... den Märtyrertod herbeizuwünschen.«[17]

Es fällt schwer, sich vorzustellen, dass der profitorientierte Abu Ali tatsächlich bereit gewesen wäre, sich in die Luft zu sprengen. Zarqawi bemühte sich, seinen Deutschlandchef zu beruhigen und ihm klarzumachen, dass er ihn als Logistiker und Bindeglied zu den Anhängern in Großbritannien und Dänemark benötige, sodass ein Selbstmordanschlag nicht in Frage käme. Zu diesem Zeitpunkt hatten die deutschen Behörden, die seit den Anschlägen vom 11. September fieberhaft nach terroristischen Strukturen fahndeten, die Männer längst im Visier. Als die Verschwörer dies bemerkten, schlug Abu Ali seinem Vorgesetzten vor, den geplanten Anschlag auszusetzen, um die deutsche Zelle der Tauhid-Organisation nicht zu gefährden. Doch der immer ungeduldige Zarqawi stand parallel in Kontakt mit zwei weiteren Mitgliedern der Gruppe und wies diese an, ihre

Vorbereitungen fortzusetzen. Einer der beiden war der junge Palästinenser Shadi Abdallah, der die Jahre 1999 bis 2001 zuerst bei al-Qaida und anschließend bei Zarqawi in Afghanistan verbracht hatte und den Auftrag erhielt, mögliche Ziele auszukundschaften und die nötigen Waffen zu beschaffen. Er schlug das jüdische Gemeindezentrum in der Berliner Fasanenstraße mitten im Berliner Zentrum West sowie einen Partyclub und eine Bar in Düsseldorf vor. Die Ziele im Rheinland wählte er, weil er irrtümlich annahm, sie gehörten Juden oder würden hauptsächlich von Juden besucht.[18]

Die Waffen zu beschaffen erwies sich als sehr viel schwieriger, als an gefälschte Pässe zu kommen. Die Gruppe hatte zu diesem Zweck einen Kontakt zu einem kriminellen Algerier, der sich seinen Lebensunterhalt mit dem Verkauf von gefälschten Pässen verdiente. Waffen waren aber offenkundig nicht seine Spezialität. In der Zwischenzeit wurde Zarqawi noch ungeduldiger. Er rief die Gruppenmitglieder in Deutschland immer häufiger an und forderte sie auf, die Anschläge so bald wie irgend möglich durchzuführen. Abdallah drohte er mit nicht genannten Konsequenzen, wenn dieser nicht endlich aktiv werde. Als die Gruppe am 23. April 2002 verhaftet wurde, hatte Abdallah es immer noch nicht geschafft, eine Pistole mit Schalldämpfer und Handgranaten anzukaufen.

In dem anschließenden Gerichtsverfahren wurden vier der fünf Angeklagten zu Gefängnisstrafen zwischen fünf und acht Jahren verurteilt. Nur Shadi Abdallah entschied sich auszusagen und erhielt vier Jahre Haft, wurde aber schon 2004 entlassen und in ein Zeugenschutzprogramm aufgenommen.

Gegen Jordanien, Israel und die Juden

Die Protokolle der Vernehmungen Shadi Abdallahs wurden zu einer der wichtigsten Quellen zur Frühgeschichte der Zarqawi-Organisation und der Fall der »Tauhid«-Zelle ein terroristisches Lehrstück, aus dem sich wichtige Rückschlüsse auf die Natur der Bedrohung ziehen ließen. Ein Charakteristikum betraf die Zusammensetzung der Gruppe: Zarqawi rekrutierte mehrheitlich unter jungen Männern der städtischen Unterschichten. Viele von ihnen waren ähnlich ihrem Anführer Kleinkriminelle, ehemalige Drogenabhängige ohne berufliche Perspektiven, die meist frühzeitig die Schule abgebrochen hatten. Im Gegensatz zu al-Qaida, die lange unter den Mittelschichten der arabischen Welt und unter den Studenten der Diaspora Anhänger gewonnen hatte, war der Terrorismus der Zarqawi-Organisation eher ein Unterschichtenphänomen – weniger strategisch, pragmatisch und zielorientiert, dafür ungeduldiger, kompromissloser und brutaler.

Mindestens ebenso wichtig aber war, dass Zarqawi eine Zielauswahl entwickelt hatte, die sich deutlich von der der al-Qaida unterschied. Seine Anschläge galten in erster Linie jordanischen, israelischen und jüdischen Zielen – große antiamerikanische Attentate gehörten nicht in sein Portfolio. Shadi Abdallah war der Erste, der seinen Vernehmern diese Strategie erklärte:

> » [Die] oberste Zielsetzung der Gruppierung [at-Tauhid] ist die Bekämpfung des jordanischen Regimes, Sturz der jordanischen Regierung und die Vernichtung der Juden weltweit ...«[19]

Den Unterschied zwischen at-Tauhid und al-Qaida schilderte er noch anschaulicher, wenn auch etwas vereinfachend:

»Die Wurzel der Katastrophen aus Sicht der al-Qaida sind die USA und aus Sicht der at-Tauhid die Israelis. Zielrichtungen von Aktionen dieser beiden Gruppierungen sind dann entsprechend bei der al-Qaida vorrangig amerikanische Ziele, bei der at-Tauhid israelische bzw. jüdische Ziele.«[20]

Diese Ausrichtung der Zarqawi-Organisation spiegelte die Zusammensetzung ihrer Mitglieder wider. Es handelte sich mehrheitlich um Jordanier palästinensischer Abstammung, für die die Befreiung ihres Heimatlandes von den Israelis – »Befreiung Jerusalems« im Jargon der Dschihadisten – oberste Priorität hatte. Auch die übrigen Jordanier, die Syrer und Libanesen hielten den Kampf gegen die Israelis für ein besonders wichtiges Anliegen, und allen galt der Sturz der jordanischen Monarchie als ein wichtiger Schritt in diese Richtung. Dies prägte die Strategie der Gruppe, was sich noch in den Jahren 2003 bis 2005 zeigte, als Zarqawi längst gegen die Amerikaner und Schiiten im Irak kämpfte. In Jordanien deckten die Sicherheitsbehörden Ende April 2004 einen Plan für Attentate auf die Zentrale des berüchtigten Geheimdienstes GID, den Sitz des Ministerpräsidenten und die amerikanische Botschaft in Amman auf. Die Anschlagszelle, angeführt von Azmi al-Dschayusi, einem engen Vertrauten Zarqawis, plante Autobombenanschläge, deren Wirkung durch als Sprengkraftverstärker genutzte Chemikalien erhöht werden sollte.[21] Trotz des Misserfolgs ließ Zarqawi in seinen Bemühungen um einen Erfolg in Jordanien nicht nach. Im November 2005 folgten

Selbstmordanschläge auf internationale Hotels in Amman, bei denen sechzig vollkommen unschuldige Menschen zu Tode kamen – die meisten Opfer waren Gäste einer Hochzeit im Radisson SAS. Anschließend nahm die Zahl der Attentatsversuche in Jordanien deutlich ab; die Organisation konzentrierte sich voll auf den Kampf im Irak.

2
Auf dem Weg in den Bürgerkrieg: Zarqawi im Irak

I n den frühen Morgenstunden des 2. März 2004 ließ die Zarqawi-Organisation Bomben nahe der Schreine der schiitischen Imame Husain im zentralirakischen Kerbela und Musa al-Kazim in der Hauptstadt Bagdad detonieren. Mehrere Selbstmordattentäter sprengten sich inmitten der Pilger in die Luft, und es wurde von mindestens einer Autobombe und Mörserbeschuss berichtet. Am 1. März hatten die Schiiten Ashura begangen, einen ihrer höchsten Feiertage, an dem sie in Passionsspielen des Martyriums des Prophetenenkels Husain Ibn Ali gedenken, der im Jahr 680 in Kerbela von einer feindlichen Übermacht getötet wurde. An diesem Tag reisen Schiiten zu Hunderttausenden zum Grabmal des dritten Imams in Kerbela oder besuchen die Schreine eines seiner Nachfolger. Daher töteten die Bomben mehr als 180 Menschen und verletzten Hunderte; die Anschläge waren damals die blutigsten seit Beginn des Aufstands sunnitischer Gruppen im Sommer 2003.[1]

Im Unterschied zu einer ganzen Reihe anderer aufsehenerregender Anschläge jedoch wurde dieser Anschlag in einem Brief angekündigt, den Zarqawi an die Al-Qaida-Führung nach Pakistan geschickt hatte und den das US-Militär kurz nach

Jahresbeginn 2004 abgefangen hatte. In dem Schreiben hatte Zarqawi sehr plastisch die Schwierigkeiten der Dschihadisten im Irak geschildert und geschlussfolgert, dass sie einen Bürgerkrieg gegen die Schiiten im Land entfesseln müssten. Nur wenn sie sie durch Attentate auf schiitische Führer zu Gegenschlägen gegen die Sunniten provozieren würden, argumentierte der Jordanier, könnten die sunnitischen Dschihadisten hoffen, die Führung über den sunnitischen Bevölkerungsteil zu übernehmen, und sich so längerfristig im Irak halten:

»[Die Schiiten] sind unserer Meinung nach der Schlüssel zur Veränderung. Damit meine ich, dass Anschläge, die auf ihre religiöse, politische und militärische Führung abzielen, sie provozieren werden, ihren tobenden Hass auf die Sunniten zu zeigen und die in ihrer Brust lodernde Feindseligkeit offenzulegen. Wenn es uns gelingt, sie in einen konfessionellen Krieg hineinzuziehen, wird es uns möglich sein, die sorglosen Sunniten aus ihrem Schlummer zu wecken, wenn sie die drohende Gefahr und den Tod spüren, der sie in Person dieser ›Saba'is‹ [ein Schimpfwort für Schiiten] packt. Denn die Sunniten sind trotz ihrer Schwäche und Uneinigkeit die schärfsten Klingen, die entschlossensten und loyalsten Kämpfer, wenn es gegen diese Batinis [ebenfalls ein Schimpfwort] geht. Denn die Schiiten sind ein Volk von Verrat und Feigheit …«[2]

Zarqawi nannte auch die Ziele für die Anschläge und versuchte mögliche Gegenargumente zu entkräften:

»Ich sage noch einmal, dass die einzige Lösung für uns ist, die religiösen, militärischen und sonstigen Führer der Schiiten Anschlag auf Anschlag anzugreifen, bis sie sich den

Sunniten beugen. Jemand könnte nun sagen, dass wir in dieser Angelegenheit hastig und voreilig vorgehen und die Gemeinschaft der Gläubigen in eine Schlacht führen, auf die sie sich nicht vorbereitet hat, eine Schlacht, die voller Schrecken sein und in der Blut vergossen werden wird. Dies aber ist genau das, was wir wollen, denn … Gottes Religion ist wertvoller als Menschenleben.«[3]

Zarqawi war überzeugt, dass nicht viel Zeit für die breite Mobilisierung möglichst vieler Sunniten bliebe, sodass er einen spätesten Zeitpunkt (»die Stunde null«) für den Beginn eines breit angelegten Angriffes festlegte. Dabei handelte es sich um den Tag vier Monate vor der Übergabe der Regierungsverantwortung von der amerikanischen Zivilverwaltung auf die Iraker. Da diese Übergabe für den 30. Juni 2004 geplant war, musste um den 1. März mit aufsehenerregenden Anschlägen gerechnet werden. Dass Zarqawis Leute trotz Bekanntwerden ihres Vorhabens an den Planungen für Kerbela und Bagdad festhielten und die Anschläge erfolgreich durchführten, zeigt, wie selbstbewusst und stark die Organisation damals schon war. Und dass aus dem Kommandeur eines Fünf-Mann-Lagers der Führer einer so starken Terrortruppe werden konnte, war vor allem die Folge katastrophaler Fehler seiner Gegner, insbesondere der Amerikaner.

Invasion und Aufstand im Irak

Der Irakkrieg der USA und Großbritanniens im Frühjahr 2003 schuf erst das Schlachtfeld, auf dem Zarqawi seine neue Organisation aufbauen konnte. Der Verlust der afghanischen Basis in 2001 war ein schwerer Rückschlag für al-Qaida, die nicht nur viele Kämpfer und wichtiges Führungspersonal, sondern auch ihr Hauptquartier und ihre sichere Rückzugsbasis verloren hatte. Diejenigen Al-Qaida-Kämpfer, die es schafften, aus Afghanistan zu fliehen und nicht von den Pakistanis oder den Iranern gefasst zu werden, zerstreuten sich in aller Herren Länder, und fast schien es, als sei die Terrororganisation geschlagen. Der Irakkrieg bot ihnen, wie Osama Bin Laden in einer Tonbandbotschaft vom Dezember 2004 sagte, eine »goldene Gelegenheit«, den bewaffneten Kampf gegen die USA im Herzen der arabischen Welt fortzusetzen. Doch nicht Bin Laden, sondern Abu Musab az-Zarqawi übernahm die Führung der im Irak kämpfenden Dschihadisten.

Dass Zarqawi im Irak schnell zu großer Prominenz gelangen konnte, lag nicht zuletzt daran, wie die US-Regierung den Irakkrieg rechtfertigte. Am 5. Februar 2003 erläuterte der damalige US-Außenminister Colin Powell die amerikanischen Gründe vor dem UN-Sicherheitsrat und bemühte sich darzustellen, dass der Irak eine unmittelbare Gefahr für den Weltfrieden sei. Unter anderem führte er irakische Bemühungen zur Entwicklung von atomaren, biologischen und chemischen Waffen an, was sich später als Fehlinformation herausstellte.[4] Ein zweiter Argumentationsstrang konzentrierte sich auf Zarqawi, der sich damals bereits seit Monaten bei den Ansar al-Islam im kurdischen Nordirak aufhielt. Powell behauptete, dass es eine enge Beziehung zwischen dem Regime von Saddam Hussein und al-Qaida gebe und deshalb die Gefahr bestehe, dass die Terrororganisation in den Besitz von Massenvernichtungswaffen gelange. In seinem Vortrag gab der amerikanische Außenminister an, dass Zarqawi zu al-Qaida gehöre und den kurdischen Dschihadisten dabei geholfen habe, Gifte herzustellen, die für Terroranschläge genutzt werden sollten.

Zumindest das mit den Giften war durchaus korrekt, aber Powell ging noch weiter und konstruierte in einem nächsten Schritt eine Verbindung zwischen Zarqawi und dem Regime in Bagdad. Zarqawi, so der US-Außenminister, habe sich im Sommer 2002 in Bagdad ein Bein amputieren lassen, und dies könne in einem so effektiv überwachten Land wie dem Irak nicht ohne Wissen des Regimes geschehen sein. Überdies präsentierte Powell nachrichtendienstliche Erkenntnisse über einen Ansar-al-Islam-Kommandeur namens Abu Wa'il. Dieser habe al-Qaida 2002 angeboten, sich in den kurdischen Nordirak zurückzuziehen, arbeite aber nicht für die Terroristen, sondern für den irakischen Geheimdienst.[5]

Alle diese Informationen erwiesen sich in der Folge als falsch, doch Zarqawi war spätestens ab dem 5. Februar 2003 einer der meistgesuchten und bekanntesten Terroristen weltweit. Dass er seinem neuen Ruf gerecht werden konnte, verdankte er unter anderem weiteren Fehlern der US-Regierung. Der konventionelle Krieg der US-Truppen und ihrer britischen Verbündeten war knapp drei Wochen nach seinem Beginn am 20. März 2003 beendet. Die irakische Armee hatte sich unter der Wucht des Angriffes aufgelöst, die Führungspersönlichkeiten des Regimes waren untergetaucht, und die USA hatten die Kontrolle über das Land übernommen. Die rasch eingerichtete amerikanische Zivilverwaltung (Coalition Provisional Authority) unter der Führung des Diplomaten L. Paul Bremer entschied, die irakische Armee, die Sicherheitsdienste und die bis dahin allein herrschende Baath-(Wiedererweckungs-)Partei aufzulösen. Damit waren schlagartig Hunderttausende Männer im wehrfähigen Alter ohne Arbeit und Perspektive. Hinzu kam, dass sich schnell abzeichnete, dass die schiitische Bevölkerungsmehrheit (von rund sechzig Prozent) in der Nachkriegsordnung eine wichtige Rolle spielen würde und die Maßnahmen vor allem die sunnitischen Armeeangehörigen und Baathisten treffen würden. Arabische Sunniten, die im Irak nur rund fünfzehn bis zwanzig Prozent der Bevölkerung stellen, hatten das Rückgrat des Regimes von Saddam Hussein gebildet, und viele von ihnen schlossen sich nun den rasch entstehenden Rebellengruppen an.

Ab Sommer 2003 verschlechterte sich die Sicherheitslage besonders in den von Sunniten bewohnten Gebieten in der Hauptstadt Bagdad und Umgebung und im Westen und Nordwesten des Landes zusehends. Es bildeten sich zahlreiche Gruppierungen, die den bewaffneten Kampf gegen die Besatzungstruppen aufnahmen und die sich in drei Lager unterteilten.[6] Vor allem in den ersten Monaten des Aufstands waren die ehemaligen Baathisten stark, die von Persönlichkeiten des alten Regimes angeführt wurden und sich in erster Linie auf ehemalige Angehörige der Armee und der Sicherheitskräfte stützten. Sie profitierten davon, dass sie in einigen Gegenden im Irak noch viele Unterstützer hatten und dass sie zudem aus dem syrischen Exil heraus operieren konnten. Zum prominentesten Baathistenführer wurde Izzat Ibrahim ad-Duri (geb. 1942) – ehemaliger Vizepräsident, stellvertretender Vorsitzender des Revolutionären Kommandorates und enger Vertrauter Saddam Husseins –, der eine Gruppierung leitete, die sich ab Januar 2007 »Armee der Männer des Naqshbandiya-Sufiordens« (Dschaish Ridschal at-Tariqa an-Naqshbandiya) nannte. Sie war eine der wenigen Gruppen, die sich bis 2014 im Irak halten konnten, und war an der großen Offensive des IS im Sommer 2014 beteiligt.[7] Duri konnte sich in all den Jahren dem Zugriff der US- und der irakischen Regierungstruppen entziehen, jedoch hielten sich auch hartnäckige Gerüchte, er sei bereits tot.

2003 und 2004 bildeten sich außerdem islamistische und salafistische Gruppierungen, wie die »Islamische Armee im Irak« (al-Dschaish al-Islami fi l-Iraq) und die »Brigaden der 1920er Revolution« (Kata'ib Thaurat al-Ashrin), die schnell stärker wurden als die Baathisten. Auch ihre Mitglieder waren weit überwiegend ehemalige Angehörige der Armee und der Sicherheitskräfte, doch spiegelten ihre Namen und ihre Ausrichtung die wachsende Verbreitung islamistischen Gedankenguts unter irakischen Sunniten seit den 1990er Jahren wider. Zwar ging es ihnen wie den Baathisten vor allem darum, einen Rückzug der US-Truppen zu erzwingen, allerdings zielten sie auf die Gründung eines islamischen Staates und nicht auf die Wiederkehr der Baath-Diktatur ab. Im Unterschied zu den Dschihadisten argumentierten sie strikt nationalistisch und lehnten eine Ausweitung des Kampfes auf die Nachbarstaaten ab. Sie führten eher einen traditionellen Guerillakrieg, aber die Islamische Armee nahm auch Geiseln und tötete sie, wenn ihre Forderungen nicht erfüllt wurden. Die nationalistisch orientierten Islamisten und Salafisten gerieten immer stärker unter den Druck der Dschihadisten – vor allem der Zarqawi-Organisation, die das Kommando über den gesamten Aufstand übernehmen wollte.

Der Kampf gegen die Nachbarstaaten war für die meisten Dschihadisten im Irak ein wichtiges Ziel, und sie betrachteten den »Heiligen Krieg« im Irak nur als eine Etappe in einer größeren Auseinandersetzung, die mit ihrer Herrschaft über die ganze Welt enden würde. Die beiden wichtigsten Gruppen waren Zarqawis at-Tauhid und die kurdischen Ansar al-Islam (die sich für einige Jahre auch »Helfer der Sunna« – Ansar as-Sunna – nannten). Ihnen schlossen sich viele sunnitische Araber aus dem Kernirak an, zudem rekrutierten sie die überwiegende

Mehrzahl der ausländischen Kämpfer, die ab 2003 in das Zweistromland strömten. Unter den ausländischen Freiwilligen waren besonders Saudi-Araber und Syrer stark vertreten, doch stellten auch andere arabische Länder große Kontingente. Ab 2005 nahm vor allem die Zahl der Ägypter und Maghrebiner deutlich zu. Die Zahl der am Kampf beteiligten Ausländer scheint in den Jahren 2003 bis 2005 bei zwischen 1000 und 2000 gelegen zu haben, wobei es sich nur um grobe Schätzungen handelt. In einer Aufstandsbewegung von 20000 bis 30000 jederzeit aktiven Kämpfern waren sie also eine Minderheit.[8] Ihre besondere Bedeutung lag darin, dass sie viel häufiger als Iraker bereit waren, Selbstmordattentate zu begehen – die von der Zarqawi-Organisation bevorzugte Anschlagsform.

Trotz der ideologischen Unterschiede arbeiteten die aufständischen Gruppierungen im Kampf gegen die US-Truppen häufig zusammen – möglicherweise, weil die meisten Kämpfer in allen Gruppierungen ehemalige Angehörige der Armee waren. Sie legten improvisierte Sprengfallen (IEDs, improvised explosive devices) auf den Verbindungsstraßen des Landes, beschossen Militärkonvois mit raketengetriebenen Granaten (RPGs) und verübten Feuer- und Mörserüberfälle, nach denen sie sich schnell zurückzogen. Die Zahl und die Qualität der Angriffe nahm im Sommer 2003 rasant zu, sodass klar wurde, dass ein Aufstand ausgebrochen war. Besonders dramatisch war, dass die US-Truppen die Kontrolle über die Stadt Falludscha in der westlich von Bagdad gelegenen Provinz Anbar vollständig verloren und 2004 unter großen Opfern wiedererlangen mussten. Falludscha wurde in den nächsten Jahren zu einem weltweit bekannten Symbol für den hartnäckigen Widerstand der irakischen Rebellen gegen die US-Truppen, die Brutalität des Konfliktes und den Aufstieg der Dschihadisten.

Das konservative Falludscha, das im Irak auch die »Stadt der Moscheen« (Madinat al-Masadschid) genannt wird, wurde bereits 2003 zu einer Hochburg der Aufständischen – US-Soldaten hatten im April siebzehn Demonstranten getötet. Die Situation verschärfte sich, als im März 2004 Angehörige einer amerikanischen Sicherheitsfirma auf einer Fahrt durch die Stadt erschossen wurden. Die unbekannten Täter verbrannten die Toten und hängten mindestens zwei der vier verkohlten und zerrissenen Leichen an einer Euphrat-Brücke auf.[9] Daraufhin griffen amerikanische Truppen im April die Stadt an, um sie wieder unter ihre Kontrolle zu bringen und die Schuldigen für die Morde zu finden. Die Bilder von den amerikanischen Luftangriffen und dem Beschuss der weiterhin von vielen Zivilisten bevölkerten Stadt mit Artillerie lösten in der gesamten arabischen Welt eine Welle der Empörung und Proteste aus. Es gelang den US-Truppen nicht, die Stadt einzunehmen. Ein wichtiger Grund war, dass im Mai parallel zu den Geschehnissen in Falludscha ein Aufstand schiitischer Milizen in der Stadt Nadschaf ausbrach. Zwar schlossen die Amerikaner schon nach kurzen Kämpfen einen Waffenstillstand mit der Mahdi-Armee des Predigers Muqtada as-Sadr, doch war dieser äußerst brüchig und mündete im August 2004 erneut in offene Feindseligkeiten.

In der Zwischenzeit übernahmen die Aufständischen die Kontrolle in Falludscha und überließen die Verwaltung einem von verschiedenen Gruppierungen gebildeten »Rat der Glaubenskämpfer«, der eine islamistische Gewaltherrschaft etablierte. Da sich die Sicherheitslage im Sommer 2004 auch in Nachbarregionen und in sunnitischen Städten wie Ramadi und Samarra spürbar verschlechterte, entschied sich die US-Regierung zu einer Offensive, die kurz nach den amerikanischen Präsidentschaftswahlen am 2. November einsetzte. Die Kämp-

fe waren nach vier Wochen abgeschlossen, Hunderte Aufständische getötet. Allerdings waren viele Aufrührer schon vorher
aus der Stadt geflohen, sodass sich nur der geographische
Schwerpunkt des Aufstands verlagerte. In allen anderen sunnitischen Siedlungsgebieten konnten sie sich halten, und Mossul
wurde zur neuen Hochburg der Aufständischen und auch der
Zarqawi-Organisation.

Die neue Organisation im Irak

Irgendwann während der Wirren der Invasion und des Zusam-
menbruchs des irakischen Staates hatte Zarqawi seinen Aufenthaltsort gewechselt und war aus den kurdischen Bergen in
das sunnitische Kernland nordwestlich von Bagdad gezogen.
Hier gelang es ihm, sunnitische Iraker für seine Organisation
zu rekrutieren, die in den nächsten Jahren immer wichtiger
werden würden. Hatte Zarqawi seine Gruppe bis dahin nur »at-
Tauhid« genannt, änderte er den Namen nun in »at-Tauhid wa-
l-Dschihad« (Monotheismus und Heiliger Krieg). Es kam einer Kriegserklärung gleich, dass er seit Anfang 2004 offen
unter diesem neuen Label auftrat.

Dass dschihadistische Gruppierungen am Aufstand beteiligt
waren, zeigte sich ab August 2003, als die ersten großen Autobombenanschläge mit Selbstmordattentätern verübt wurden.
Für fast alle war Zarqawis Organisation verantwortlich. Der
erste Angriff dieser Art am 7. August 2003 galt der jordanischen
Botschaft in Bagdad und forderte elf Todesopfer. Da Zarqawi
unter anderem auf den Sturz der Monarchie in Jordanien abzielte, vermuteten Spezialisten schon damals, dass der Jordanier im
Zentralirak operierte und das Attentat geplant und organisiert

hatte. Zarqawi bekannte sich allerdings nicht zu diesem Anschlag, wohl aber zu den beiden sich kurz darauf anschließenden. Am 19. August explodierte eine von einem Selbstmordattentäter gezündete Autobombe vor dem Hauptquartier der Ver-
einten Nationen in Bagdad. Die Explosion zerstörte große Teile
des Gebäudes und tötete 23 Menschen, darunter den brasiliani-
schen UN-Sondergesandten Sergio Vieira di Mello.[10] Die UNO
schlussfolgerte, dass sie ihr Personal im Irak nicht schützen
könne, und zog sich vollständig aus dem Land zurück.

Noch katastrophaler und folgenreicher war ein Attentat auf
den schiitischen Politiker und Gelehrten Muhammad Baqir al-
Hakim (1939–2003) in Nadschaf nur zehn Tage später, am 29.
August 2003, bei dem insgesamt 86 Menschen starben. Die
Autobombe detonierte gerade in dem Moment, als Hakim inmitten einer Menschenmenge den Schrein des Imam Ali ver-
ließ, des Cousins und Schwiegersohnes des Propheten Mohammed.[11] Die Grabmoschee Alis in Nadschaf gehört zu den
wichtigsten Heiligtümern des schiitischen Islam, und der Anschlag war für die Schiiten ein unfassbares Sakrileg. Überdies
gehörte Hakim nicht nur zu einer der prominentesten Gelehr-
tenfamilien des Irak, sondern amtierte auch als Vorsitzender
des Hohen Rates für die Islamische Revolution im Irak (al-
Madschlis al-A'la li-th-Thaura al-Islamiya fi l-Iraq), der damals größten schiitischen Organisation und des wichtigsten
Verbündeten Teherans im Irak. Dieser Anschlag kam daher einer Kriegserklärung an die Schiiten des Landes und die iranische Führung gleich.

In den folgenden Monaten überzogen Zarqawis Kämpfer
den Irak mit zahlreichen weiteren Attentaten und machten parallel mit Geiselnahmen auf sich aufmerksam. Die Zentrale für
diese Aktivitäten lag in Falludscha, wo sich mehrere hundert,

wenn nicht Tausende Kämpfer der Zarqawi-Gruppe aufhielten und die fehlende staatliche Kontrolle in der Stadt und in Teilen der Umgebung nutzten, um zum Beispiel Geiseln aus dem Großraum Bagdad dorthin zu verschleppen und vor laufender Kamera zu enthaupten. Die meisten Fälle traten in den Monaten Mai bis Oktober 2004 auf, als die Aufständischen nach Gutdünken in Falludscha schalten und walten konnten. Der bekannteste Geiselmord war der an dem amerikanischen Geschäftsmann Nicholas Berg, der im Mai 2004 in Bagdad gekidnappt und anschließend wahrscheinlich nach Falludscha verschleppt wurde. Schon kurz nach der Entführung verbreitete die Zarqawi-Gruppe ein Video im Internet, in dem nach einer kurzen Ansprache ein Vermummter, bei dem es sich um Zarqawi höchstpersönlich gehandelt haben soll, seinem Opfer mit einem langen Messer den Kopf abtrennte. Die Mörder rechtfertigten die Tat mit der Behandlung muslimischer Insassen des damals von US-Truppen geführten Gefängnisses in Abu Ghraib, indem sie sagten:

»Und was Euch betrifft, Mütter und Gattinnen der amerikanischen Soldaten … wir sagen Euch, dass die Würde der muslimischen Männer und Frauen in Abu Ghraib und anderen Gefängnissen nur durch Blutvergießen und Menschenleben wiederhergestellt wird. Ihr werdet von uns nichts als Totenbahre auf Totenbahre und Särge über Särge erhalten, Eure Söhne und Ehemänner abgeschlachtet auf die hier zu sehende Weise.«[12]

Um die Wirkung dieser Drohung zu verstärken, hatten die Entführer Berg in orangefarbene Häftlingskleidung gesteckt, wie sie in Abu Ghraib und in Guantanamo üblich war. Das Video fand in Dschihadistenkreisen weltweite Verbreitung und wurde zu einem Hit bei Internetaktivisten, unter denen es bis heute als eines der wichtigsten Videos der Szene gehandelt wird. Zarqawi wurde seit Sommer 2004 in Dschihadistenkreisen oft mit dem Titel »der Führer und Schlächter« (al-qa'id adh-dhabbah) bedacht. Einer der Gründe war, dass die Ermordung von Nicholas Berg kein Einzelfall blieb. Im September und Oktober 2004 folgten weitere Videos, auf denen die Hinrichtungen zweier amerikanischer und einer britischen Geisel gezeigt wurden.[13]

Zarqawis Gruppe wurde nicht nur mit solchen Videos, sondern insgesamt mit ihrer hochmodernen Öffentlichkeitsarbeit zu einem Pionier der dschihadistischen Propaganda. Zunächst war vollkommen unklar, wer für die aufsehenerregenden Anschläge in 2003 in Bagdad und Nadschaf verantwortlich war. Erst im Januar 2004 veröffentlichte Zarqawi auf dschihadistischen Internetseiten eine Audiobotschaft unter dem Titel »Schließe Dich der Karawane an« (Ilhaq bi-l-qafila), in der er von der Pflicht eines jeden Muslims sprach, den Heiligen Krieg gegen die Feinde des Glaubens und damit die USA zu führen. Der Titel war identisch mit dem einer berühmten Schrift Abdallah Azzams (1941–1989), in welcher der in Dschihadistenkreisen bis heute hochverehrte Anführer der arabischen Kämpfer im sowjetischen Afghanistankrieg zum Kampf am Hindukusch aufgerufen hatte. Die Botschaft war simpel und leicht verständlich: Ebenso wie die »Mudschahidin« in den 1980er Jahren gegen die Sowjets in Afghanistan gekämpft hatten, um muslimisches Gebiet von ungläubigen Besatzern zu befreien, kämpften sie Anfang 2004 gegen die USA im Irak. In den nächsten Jahren veröffentlichte Zarqawi weitere Ansprachen und Texte, die zu dschihadistischen Klassikern wurden und zum Kanon des IS gehören.

Diese Erklärungen fanden auch deshalb großen Anklang, weil Zarqawi wie kein anderer Terrorist seiner Zeit das Internet als Medium nutzte. Doch beschränkte er sich nicht auf Audiobotschaften, sondern setzte immer häufiger Videos ein, um seine Botschaften zu verbreiten. Dass dies überhaupt möglich war, verdankte Zarqawi vor allem technischen Neuerungen, die die Produktion und die Verbreitung von Videopropaganda begünstigten. Besonders wichtig waren preiswerte und leichte Digitalkameras und einfach zu bedienende Videoschnittprogramme für Laptops.[14] Ab dem Jahr 2004 stand im Irak überdies zum ersten Mal Breitbandinternet zur Verfügung, was das Hochladen großer Videodateien erleichterte. Als Folge dieser Entwicklungen kämpfte kaum noch eine dschihadistische Gruppe im Irak, ohne ihre Taten zu filmen und im Erfolgsfall im Netz zu dokumentieren. Insgesamt wurden Videos in den folgenden Jahren immer wichtiger für die dschihadistische Propaganda.

Mit der Audiobotschaft vom Januar 2004 trat die Zarqawi-Organisation erstmals öffentlich unter dem Namen »Dschama'at at-Tauhid wa-l-Dschihad« (Gruppe des Monotheismus und des Heiligen Kriegs) auf. Ihre Flagge zeigte einen gelben Kreis auf schwarzem Grund, der vermutlich die aufgehende Sonne darstellen sollte. Über diesem Kreis stand das muslimische Glaubensbekenntnis »Es gibt keinen Gott außer Gott, und Mohammed ist sein Prophet« geschrieben und darunter der Organisationsname. Dieses Logo wurde in den folgenden Monaten zum weithin bekannten Markenzeichen der Zarqawi-Organisation. Zwar wurde at-Tauhid wa-l-Dschihad von den USA und vielen Beobachtern weiterhin mit al-Qaida in Verbindung gebracht, doch gab es keine äußeren Anzeichen, dass Zarqawi sich als Teil dieser Organisation sah.

Der »totale Krieg« gegen die Schiiten

Der Anfang 2004 aufgefundene und eingangs zitierte Brief Zarqawis an die Al-Qaida-Führung in Pakistan zeigte zwar, dass Zarqawi die Nähe zu und auch die Zusammenarbeit mit Bin Laden und dessen Anhängern suchte, trotzdem war der folgende Anschluss von at-Tauhid wa-l-Dschihad an al-Qaida eine Überraschung. Mitte des Monats Oktober 2004 erschien auf dschihadistischen Internetseiten eine Erklärung, in der Zarqawi Osama Bin Laden und al-Qaida Gefolgschaft schwor. Überdies änderte er den Namen der Organisation in »al-Qaida in Mesopotamien« (al-Qaida fi Bilad ar-Rafidain), der fortan auch auf den Flaggen im Irak erschien. Dies war überraschend, nicht nur, weil, zumindest in Fachkreisen, bekannt war, dass Zarqawi in Afghanistan alles versucht hatte, um sich nicht von Bin Laden vereinnahmen zu lassen, sondern auch, weil es ihm 2004 gelungen war, mit at-Tauhid wa-l-Dschihad eine eigene terroristische Marke zu etablieren, deren Aktivitäten die der damals sehr schwachen al-Qaida in Pakistan deutlich in den Schatten stellten.

Dass Zarqawi sich trotzdem al-Qaida anschloss, dürfte ganz profane Gründe gehabt haben. Die Organisation verfügte über Finanzierungs- und Rekrutierungsnetzwerke in den arabischen Golfstaaten, zu denen Zarqawi mit der Umbenennung Zugang erhielt. Tatsächlich gab es in den folgenden Jahren zahlreiche Hinweise darauf, dass reiche Privatleute am Golf die neue irakische al-Qaida mit Geldspenden unterstützten und die Organisation keinerlei Geldprobleme hatte. Ob die Zahl der Freiwilligen aus Saudi-Arabien nach Oktober 2004 anstieg, ist zwar nicht bekannt, doch stellten sie das größte Kontingent ausländischer Kämpfer in der Gruppierung. Für Bin Laden und al-Qaida hatte der Anschluss den Vorteil, dass die Aktivitäten der irakischen »Filiale« der Weltöffentlichkeit den Eindruck vermittelten, dass sie es bei al-Qaida mit einem globalen Netzwerk zu tun hatte, das in der Lage war, die amerikanische Supermacht im Irak an den Rand einer Niederlage zu bringen. Außerdem hatte der Anschluss der Zarqawi-Gruppe den – schon von Saif al-Adl im Jahr 2000 bemerkten – Vorteil, dass diese neben den Irakern vor allem Jordanier, Palästinenser, Syrer und Libanesen an al-Qaida band. Bin Ladens Organisation hatte unter diesen Nationalitäten vor 2004 kaum Rekruten gewinnen können, weil sie ihr vorwarfen, sich nicht für ihre Anliegen wie vor allem den Kampf gegen Israel einzusetzen. Dies war insofern richtig, als al-Qaida in erster Linie die USA bekämpfte, um deren Rückzug aus der arabischen Welt zu erzwingen und anschließend die Regime in Saudi-Arabien und Ägypten zu stürzen. Dementsprechend wurde al-Qaida vor 2004 häufig als eine ägyptisch-golfarabische Organisation angesehen, die sie ausweislich ihrer Mitgliederstruktur auch war: Sie bestand mehrheitlich aus Saudi-Arabern, Jemeniten, Kuwaitis und Ägyptern.

Dieser neue Rekrutierungspool überzeugte die Al-Qaida-Führung, Zarqawi zu gestatten, den Organisationsnamen zu führen, obwohl sein Hang zur Unabhängigkeit bekannt war – der in den folgenden Jahren denn auch für Spannungen mit der Al-Qaida-Zentrale sorgte. Ein weiterer Grund für Missstimmungen war die von Zarqawi entworfene antischiitische Bürgerkriegsstrategie. Zwar hielten auch Bin Laden und seine Anhänger die Schiiten für besonders schlimme Ungläubige – der Hass auf die Schiiten ist ein wichtiger Bestandteil der dschihadistischen Ideologie –, dennoch lehnte die Al-Qaida-Führung direkte Angriffe auf die Schiiten im Irak ab, weil sie vorrangig die USA bekämpfen und nicht unnötig einen weiteren Gegner provozieren wollte. Bin Ladens Stellvertreter Aiman az-Zawahiri machte dies in einem Brief an Zarqawi vom Juli 2005 deutlich, als er den Jordanier ermahnte, dass dessen antischiitische Strategie und die enthemmte Gewalt gegen Zivilisten al-Qaida die öffentliche Unterstützung raubten. Einleitend schrieb Zawahiri, dass Anschläge auf schiitische Moscheen allgemein und auf das Mausoleum des schiitischen Imam Ali – der als einer der vier »rechtgeleiteten Kalifen« auch von Sunniten hoch verehrt wird – kaum zu rechtfertigen seien, und setzte dann zu einer ausführlichen Kritik des Vorgehens der Gruppe an. Trotz der vorsichtigen Vortragsweise – Zawahiri stellte rhetorische Fragen – wird doch deutlich, wie unzufrieden die Al-Qaida-Führung mit Zarqawis Strategie war:

»Es wird … in Kreisen der Glaubenskrieger (Mudschahidin) und unter ihren Meinungsführern die Frage gestellt werden, ob dieser Konflikt mit den Schiiten zu dieser Zeit richtig ist. Ist er unvermeidlich oder war es möglich, ihn aufzuschieben, bis die dschihadistische Bewegung im Irak stärker geworden ist? Und ob einige Operationen notwendig waren, um sich selbst zu verteidigen, und ob alle Operationen notwendig waren? Oder ob einige Operationen unmotiviert waren? Und ob die Eröffnung einer neuen Front jetzt zusätzlich zu der gegen die Amerikaner und die Regierung ein weiser Entschluss ist? Und ob der Konflikt gegen die Schiiten den Amerikanern nicht eine Aufgabe abnimmt, indem er die Glaubenskämpfer im Kampf gegen die Schiiten bindet und die Amerikaner die Situation aus sicherem Abstand kontrollieren? Wenn aber der Angriff auf einige schiitische Führer notwendig ist, um ihre Planungen aufzuhalten, warum dann der Angriff auf die gemeine schiitische Bevölkerung? Führt dies nicht dazu, die falschen Glaubensinhalte in ihrem Denken zu bestätigen, während es uns tatsächlich obliegt, sie anzusprechen und zum Glauben aufzurufen, den Islam zu erläutern und sie auf den rechten Pfad zu führen? Und werden die Mudschahidin alle Schiiten im Irak töten können? Hat irgendein islamischer Staat in der Geschichte dies je versucht? Warum wird das schiitische gemeine Volk getötet, obwohl es wegen seiner Unwissenheit unschuldig ist? Was wäre der Verlust, den wir erleiden würden, wenn wir die Schiiten nicht angriffen? Vergessen die Brüder, dass wir mehr als hundert Kriegsgefangene – viele von ihnen Anführer, die in ihren Heimatländern gesucht werden – bei den Iranern haben? Selbst wenn es eine Notwendigkeit ist, die Schiiten anzugreifen, wieso dann die öffentliche Erklärung dieser Strategie, was die Iraner zwingt, Gegenmaßnahmen zu ergreifen? Vergessen die Brüder, dass wir und die Iraner davon absehen müssen, einander Schaden zuzufügen in dieser Zeit, in der die Amerikaner es auf uns beide abgesehen haben?«[15]

Zarqawi soll dieses Dokument für eine Fälschung gehalten haben und reagierte auf die Vorhaltungen, indem er seine antischiitische Strategie noch einmal bekräftigte und im September 2005 den »totalen Krieg« gegen die Schiiten ausrief. Angesichts der Vorteile, die die »Mitgliedschaft« der Zarqawi-Organisation für die Al-Qaida-Führung mit sich brachte, sah diese davon ab, den ungehorsamen Kommandeur im Irak auszuschließen, und verlor in der Folge jeglichen Einfluss auf den Jordanier. Der Konflikt zwischen der Zentrale und der irakischen al-Qaida wurde damit aber nur vertagt. 2013/14 brach er in aller Schärfe aus.

Im Irak gelang es Zarqawi ab 2005/2006 tatsächlich, einen Bürgerkrieg zu provozieren, doch zeigte es sich, dass die Sorgen der Al-Qaida-Führung berechtigt waren. Die schiitischen Gegner erwiesen sich als zu stark, und Zarqawis Leute schafften es nicht, die Sunniten vor den nun zunehmenden Übergriffen schiitischer Milizen zu schützen. Die konfessionellen Spannungen hatten infolge der opferreichen Anschläge in Nadschaf, Kerbela und Bagdad schnell zugenommen, und immer mehr schiitische Zivilisten wurden Opfer von Übergriffen der Aufständischen. Es genügte den Rebellen häufig, an Straßensperren Menschen aufgrund ihres Namens als Schiiten zu identifizieren, um sie sofort zu ermorden. Die Situation verschärfte sich, nachdem eine schiitisch dominierte Regierung im April 2005 die Macht im Irak übernahm. Schiitische Parteien hatten die Parlamentswahlen im Januar 2005 haushoch gewonnen und konnten deshalb den Ministerpräsidenten – Ibrahim al-Dschaafari – stellen und viele wichtige Ministerien übernehmen. Insbesondere im Innenministerium nutzten schiitische Politiker ihre neue Stärke, indem sie schiitischen Milizen und der Polizei freie Hand im Kampf gegen die Aufständischen ließen.

Endgültig brach der Bürgerkrieg aber erst im Februar 2006 aus. Anlass war ein aufsehenerregender Anschlag auf die den Schiiten sehr wichtige Askariya-Moschee in Samarra, knapp hundert Kilometer nördlich von Bagdad. Die Moschee gilt den Schiiten als besonders heilig, weil hier nicht nur ihre Imame Ali al-Hadi (gestorben 868) und al-Hasan al-Askari (nach dem die Moschee benannt ist) begraben liegen, sondern nach der Überlieferung auch der zwölfte Imam Muhammad al-Mahdi, der laut schiitischer Lehre vor dem Jüngsten Tag zu den Menschen zurückkehren wird, um die Welt zu retten, im Alter von nur fünf Jahren am Ort des Schreins »entrückt« ist und seitdem im Verborgenen weiterlebt. Der Bombenanschlag auf die Moschee forderte zwar keine Opfer, doch zerstörte er die berühmte goldene Kuppel fast vollständig. In den folgenden Tagen brachen in schiitischen Gebieten Unruhen aus, Übergriffe auf Sunniten und Angriffe auf sunnitische Moscheen nahmen zu.[16] Es begann eine regelrechte Schlacht um Bagdad, bei der schiitische Milizen sunnitische Aufständische bekämpften und ganze Viertel von ihren sunnitischen Bewohnern »säuberten«. Es zeigte sich schnell, dass al-Qaida entgegen ihren großspurigen Ankündigungen nicht in der Lage war, die Sunniten vor den schiitischen Milizen zu schützen. Es war der Organisation zwar gelungen, den Bürgerkrieg zu provozieren, aber nicht, ihn für sich zu entscheiden. Als Zarqawi bei einem amerikanischen Luftangriff im Juni 2006 getötet wurde, beschleunigte das nur den Niedergang der irakischen al-Qaida.

3
Hybris trotz Niedergang:
Der Islamische Staat im Irak (ISI)

Gerade in dem Moment, als die irakische al-Qaida durch den Tod ihres Gründers Abu Musab az-Zarqawi stark geschwächt schien, ging sie am 15. Oktober 2006 in die propagandistische Offensive und rief den »Islamischen Staat Irak« (Daulat al-Iraq al-Islamiya) aus. In der Erklärung, die ein Sprecher des ISI in einem Internetvideo verkündete und die auf Flugblättern in den sunnitischen Gebieten im Westen des Irak verteilt wurde, hieß es:

> »Unsere Brüder von al-Qaida verkünden die frohe Botschaft der Gründung des Islamischen Staates Irak in Bagdad, al-Anbar, Diyala, Kirkuk, Salah ad-Din, Nainawa und Teilen der Provinzen Babil und Wasit. Ziel ist es, unsere Religion und ihre Anhänger zu schützen und einen internen Konflikt, das unnötige Vergießen von Märtyrerblut und die nutzlose Selbstaufopferung der Glaubenskämpfer zu vermeiden.«[1]

Der Sprecher nannte nicht nur das Staatsgebiet, sondern auch den Staatschef des neuen Gebildes:

»Heute rufen wir alle Glaubenskrieger und Religionsgelehrten des Irak, die Stammesführer und die gesamte sunnitische Bevölkerung auf, dem Befehlshaber der Gläubigen, dem vorzüglichen Shaikh Abu Umar al-Baghdadi, den Gefolgschaftseid zu schwören.«[2]

Mit der Ausrufung eines eigenen Staates reagierten die Dschihadisten auf die Verabschiedung eines Gesetzes durch das irakische Parlament am 1. Oktober. Allen Provinzen des Irak wurde erlaubt, sich zu föderalen Regionen zusammenzuschließen, wie es die Kurden im Norden des Landes bereits getan hatten. Dementsprechend sprachen die Autoren der Erklärung gleich eingangs von einem kurdischen »Nordstaat« und einer schiitischen »Föderalregion Zentral- und Südirak«, die sie nun um eine sunnitische Gründung ergänzten. Dies war jedoch nur der Anlass der »Staatsgründung«, die Ursache dürfte in weitergehenden strategischen Überlegungen bestanden haben, die auf den Brief der Nummer zwei der al-Qaida, Aiman az-Zawahiri, vom Juli 2005 zurückgingen. Darin hatte der Ägypter den Jordanier Zarqawi und dessen irakische Gesinnungsgenossen aufgefordert, kurz vor oder sofort nach dem Abzug der Amerikaner eine »islamische Autorität« oder ein »islamisches Emirat« in den sunnitisch-arabischen Gebieten des Landes zu gründen und zu einem Kalifat auszubauen. Auf diese Weise wollte er verhindern, dass nach einem Rückzug der US-Truppen ein Machtvakuum entstünde, das »nichtislamische Kräfte« nutzen könnten, um die Macht an sich zu reißen. Zawahiri zeigte sich hier als von der Erfahrung in Afghanistan geprägt, wo die Dschihadisten nach dem sowjetischen Rückzug zu Spielbällen der innerafghanischen Konflikte geworden waren. Da ein amerikanischer Abzug aus dem Irak laut Zawahiri unerwartet kommen könne, forderte er Zarqawi auf, sofort mit den notwendigen Vorarbeiten zu beginnen.[3]

Da Zarqawi sich nicht um die Wünsche Zawahiris, die Schiiten betreffend, gekümmert hatte, war es eine gehörige Überraschung, dass seine Nachfolger so kurz nach dem Tod ihres Anführers im Sinne des Al-Qaida-Vizes handelten. Hinzu kam, dass die irakische al-Qaida im Oktober 2006 kein Territorium kontrollierte, sodass auch die Sympathisanten in dschihadistischen Medien heftig diskutierten, was die Ausrufung des ISI zu bedeuten habe und ob sie überhaupt sinnvoll sei. Sie fragten sich außerdem, wer denn der in der Erklärung genannte Abu Umar al-Baghdadi sei. Dieser Aliasname war bis dahin nur einmal in einem Kommuniqué der irakischen al-Qaida aufgetaucht und hatte einen Kommandanten in Bagdad bezeichnet.[4] In der allgemeinen Aufregung ging ein Detail anscheinend vollkommen unter. Die irakische al-Qaida hatte ihren neuen Anführer nicht nur als Befehlshaber (Emir), sondern als »Befehlshaber der Gläubigen« (Amir al-Mu'minin) bezeichnet. Dies ist ein Ehrentitel des Kalifen und wurde neben Abu Umar unter militanten Islamisten damals nur von dem Taliban-Führer Mullah Omar beansprucht. Zumindest implizit forderte Abu Umar al-Baghdadi mit dieser Bezeichnung die Führungsposition in der dschihadistischen Bewegung, doch das fiel damals nicht weiter auf. Bemerkt wurde lediglich, dass der neue Titel auf demonstratives und vielleicht auch tatsächliches Selbstbewusstsein hinwies, und dies in einem Moment, in dem die irakische al-Qaida, jetzt unter dem Namen Islamischer Staat im Irak (ISI), in eine schwere, existenzgefährdende Krise geriet, sodass es schien, als hätte die Proklamation ohnehin nichts mit der Wirklichkeit zu tun.

Der Weg zum Niedergang

Dass die irakische al-Qaida in dem nach dem Attentat auf die Askariya-Moschee ausbrechenden Bürgerkrieg nicht in der Lage war, die Sunniten gegen die Schiiten zu schützen, wie Zarqawi es 2004 viel zu selbstbewusst angekündigt hatte, war nur eine, wenn auch die wichtigste Ursache für die Krise. Eine weitere war der Versuch Zarqawis und dann seiner Nachfolger, sich an die Spitze der Aufständischen zu stellen, Gefolgschaft einzufordern und konkurrierende Gruppierungen zu bekämpfen.

Zarqawis Aufruf zum »totalen Krieg« gegen die Schiiten vom September 2005 war eine Reaktion auf harte Gegenschläge schiitischer Milizen. Religiöse und politische Führungspersönlichkeiten wie vor allem der einflussreiche Großayatollah Ali Sistani hatten die schiitische Bevölkerung zwar wiederholt zur Zurückhaltung aufgerufen, doch konnten sich diese mahnenden Stimmen nicht durchsetzen, weil die Aufständischen immer wieder verheerende Bombenanschläge in schiitischen Vierteln und Moscheen verübten, bei denen Tausende vollkommen unbeteiligte Zivilisten umkamen.[5] Als Antwort auf diese Angriffe entführten schiitische Todesschwadronen routinemäßig sunnitische Männer und ermordeten sie. Immer häufiger wurden 2005 und 2006 in Bagdad und im »Dreieck des Todes« südlich der Stadt sunnitische Zivilisten aufgefunden, die durch Kopfschüsse hingerichtet worden waren. Diese Aktivitäten nahmen zu, nachdem Bayan Dschabr vom Hohen Rat für die Islamische Revolution im Irak zum Innenminister ernannt wurde. Dschabr war ein hochrangiger Funktionär des Badr-Korps, des bewaffneten Arms des Hohen Rates, der damals der wichtigste Verbündete Irans in der irakischen Politik war und auf 15 000 gut ausgebildete und organisierte Kämpfer zählen konnte. Neben der Mahdi-Armee des Predigers Muqtada as-Sadr – die mit damals rund 60 000 Mann weit stärker, aber weniger gut organisiert, ausgebildet und diszipliniert war – wurde das Badr-Korps zur wichtigsten Miliz im Bürgerkrieg zwischen Schiiten und Sunniten. Unter der Leitung von Bayan Dschabr wurden zahlreiche Milizionäre des Badr-Korps in die herkömmlichen und die paramilitärischen Polizeitruppen des Innenministeriums aufgenommen.[6] Milizen und Polizei verkamen zu regelrechten Mörderbanden und waren für die meisten Gewalttaten gegen sunnitische Zivilisten verantwortlich. Weil sie die Unterstützung des neuen irakischen Staates hatten und auch zahlenmäßig überlegen waren, gewannen die schiitischen Einheiten in der Hauptstadt Bagdad langsam die Oberhand. Dass die konfessionelle Gewalt nach dem Attentat auf die Askariya-Moschee im Februar 2006 noch einmal zunahm, verstärkte diesen Trend nur.

Einmal in der Defensive, nahmen die Auseinandersetzungen unter den Aufständischen schnell zu. Zwischen 2003 und 2006 hatte das gemeinsame Interesse des Kampfes gegen die Amerikaner und gegen die neuen Herrscher im Irak überwogen. Doch die schon in dieser Phase wachsenden Spannungen eskalierten schnell, als die schiitischen Milizen immer mehr Sunniten töteten und ihre Kontrolle auf Teile des vorwiegend sunnitischen Westens von Bagdad ausweiteten. Organisationen wie die »Islamische Armee« und die »Bataillone der 1920er Revolution« wehrten sich nun gegen die selbstmörderische antischiitische Strategie Zarqawis und seinen Führungsanspruch für die Sunniten im Irak. Immer häufiger wurde der Vorwurf laut, dass die irakische al-Qaida eine ausländische Organisation sei, obwohl dies nur für die Führung, nicht hingegen für die Gefolgschaft galt – die zu rund neunzig Prozent aus Irakern bestand. Die Kritik spiegelte aber das Unbehagen mit dem Vorhaben Zarqawis wider, für den der irakische Nationalismus und die Bindung an Stämme Unglauben waren und der stattdessen eine dschihadistische Ideologie vertrat, der zufolge alle Konkurrenten bekämpft werden mussten und die in die vollständige Niederlage zu führen schien.

Erste bewaffnete Zusammenstöße fanden im Oktober 2005 zwischen Anhängern Zarqawis und der Islamischen Armee in der Rebellenhochburg Tadschi nördlich von Bagdad statt.[7] Ein Grund für die Eskalation der Spannungen waren unterschiedliche Positionen zum politischen Prozess im Irak. Gruppen wie die Islamische Armee und die Bataillone der 1920er Revolution hatten im Oktober 2005 einen Waffenstillstand für das Referendum über die neue Verfassung ausgerufen, um den sunnitischen Wählern deren Ablehnung zu ermöglichen. Anschließend erklärten sie, auch während der am 15. Dezember stattfindenden Parlamentswahlen auf Angriffe auf Wahlvolk und -lokale zu verzichten. Die irakische al-Qaida drohte daraufhin allen Sunniten mit der Todesstrafe, sollten sie an den Wahlen teilnehmen. Die nationalistischen Gruppen mussten in einigen Gebieten in den Provinzen Anbar und Salah ad-Din mit Waffengewalt vorgehen, um Al-Qaida-Gruppen an Angriffen auf die Wähler zu hindern. Die Auseinandersetzungen setzten sich im Januar fort, nachdem al-Qaida ein Rekrutierungsbüro der Polizei in Ramadi in die Luft sprengte. Lokale Stammesführer hatten zur Registrierung für die Polizei aufgerufen, und die Bombe tötete mehr als fünfzig sunnitische Rekruten, worauf wochenlange Zusammenstöße zwischen al-Qaida und der Islamischen Armee folgten. In Samarra kam es zu noch heftigeren Auseinandersetzungen, die besonders auf die brutalen Übergriffe gegen Schiiten zurückgingen. Viele lokale Stämme bestehen dort aus Angehörigen beider Konfessionen, und als al-Qaida einen Stammesführer ermordete, weil der ein Ende der Gewalttaten gefordert hatte, folgten monatelange Kämpfe.[8]

Zermürbt vom Kampf gegen die irakische al-Qaida, schiitische Milizen und die amerikanischen Truppen, gaben viele Aufständische den bewaffneten Kampf auf. Das erste öffentliche Signal war ein Treffen von Stammesführern und Notabeln im September 2006. Unter der Führung von Abd as-Sattar Abu Risha gründeten sie ein Stammesbündnis namens »Rettungsrat Anbar« oder »Erwachen Anbars«, das den Kampf gegen Zarqawis al-Qaida aufnahm. Das US-Militär erkannte die Chance, die in der Kehrtwende der Stammesführer – die bis dahin mehrheitlich den Aufstand unterstützt hatten – lag, und trat in Verhandlungen mit weiteren Notabeln und aufständischen Gruppen. Diese stellten ihre Angriffe auf US- und irakische Truppen ein und verpflichteten sich, gegen al-Qaida zu kämpfen. Im Gegenzug versorgten die US-Truppen ihre neuen Verbündeten mit Geld und Waffen und nahmen viele von ihnen in die Polizei der jeweiligen Heimatprovinzen auf. Schon im Frühjahr 2007 verbesserte sich die Sicherheitslage in der Hauptstadt von Anbar, Ramadi, und im Sommer war die einstige Unruheprovinz weitgehend gesichert. Die »Stammesstrategie« wurde auf Bagdad und Umgebung ausgeweitet und trug auch dort zur Beruhigung der Lage bei. Die Mitglieder dieser »Räte des Erwachens« (sahawat) genannten Milizen zählten Ende 2007 bereits mehr als 70 000 Angehörige und wuchsen später auf fast 100 000 Mann an.[9]

Dass die Verhandlungen der Amerikaner mit den Stämmen erfolgreich sein konnten, hatte auch mit der Gründung des ISI zu tun, die ihnen als unerträgliche Provokation erscheinen musste. Als die Situation immer bedrohlicher geworden war, hatte Zarqawi nach Verbündeten gesucht, aber keine der größeren Organisationen gewinnen können. Im Februar 2006 hatte sich die irakische al-Qaida dann mit einigen kleineren dschihadistischen Gruppen in einem Dachverband namens »Rat der Glaubenskämpfer« (Madschlis Shura al-Mudschahidin) zusammengeschlossen, und im Oktober folgte schließlich, als Reaktion auf die Absetzbewegung der Stämme, die Ausrufung des Islamischen Staates. Vertreter der anderen aufständischen Gruppen lehnten diesen Schritt vehement ab und machten deutlich, dass sie nicht bereit waren, sich dem ISI und seinem Führungsanspruch unterzuordnen.[10] Dessen Kommandeure reagierten, indem sie einen Gefolgschaftseid konkurrierender Gruppen und Einzelpersonen forderten und viele derjenigen töteten oder angriffen, die sich verweigerten. Die bewaffneten Auseinandersetzungen unter den Aufständischen weiteten sich aus, und der ISI geriet immer mehr in die Defensive.

Ein dritter Grund für den Niedergang der irakischen al-Qaida war, dass die US-Truppen ab Anfang 2007 offensiver vorgingen. Im Jahr 2006 stand die US-amerikanische Politik im Irak kurz vor dem endgültigen Scheitern, die Besatzungsmacht schaffte es nicht mehr, die Gewalt der Bürgerkriegsparteien einzudämmen, und das Land drohte vollkommen zusammenzubrechen. Als Reaktion kündigte US-Präsident George W. Bush in seiner Rede zur Lage der Nation am 10. Januar 2007 eine deutliche Steigerung der amerikanischen Truppenzahlen an, in einem letzten Versuch, die katastrophale Situation doch noch unter Kontrolle zu bekommen. Zwischen Januar und Dezember 2007 wurde die Zahl der amerikanischen Soldaten im Irak um 28 500 auf rund 160 000 Mann erhöht. Unter der

Führung des neuen Oberkommandierenden General David Petraeus wandte das US-Militär zudem eine neue Strategie der Aufstandsbekämpfung (counter-insurgency) an. Die Truppen gingen nun offensiver gegen die Aufständischen vor und bildeten abseits ihrer Basen kleinere »combat outposts«, um die Bevölkerung zu schützen, Präsenz zu zeigen und den Druck auf den Gegner zu erhöhen. Auf diese Weise und im Verein mit den sunnitischen Milizen gelang es nicht nur, den ISI stark zu schwächen, sondern auch, die schiitischen Milizen in Bagdad zurückzudrängen. Kurz: Als die Supermacht ihre Reserven mobilisierte, konnte die Terrorgruppe trotz ihrer zwischenzeitlichen Stärke schnell nicht mehr mithalten. Die Erfolge waren beispielsweise am Rückgang der ethnisch-konfessionellen Gewalttaten sichtbar: Die Zahl der zivilen irakischen Opfer sank von rund hundert pro Tag im Jahr 2006 auf etwa 25 pro Tag Ende 2007. Und obwohl 2008 die ersten US-Truppen abgezogen wurden, blieb die Sicherheitslage zunächst stabil.

Der ISI 2006 bis 2010

Ein weiterer Grund für den Niedergang der irakischen al-Qaida war der Verlust ihres Anführers Abu Musab Zarqawi, der nicht adäquat ersetzt werden konnte. Die öffentlichkeitswirksame Proklamation Abu Umar al-Baghdadis zum »Befehlshaber der Gläubigen« überdeckte die Tatsache, dass nicht der Iraker, sondern vielmehr der Ägypter Abu Ayyub al-Masri (alias Abu Hamza al-Muhadschir), der zum Kriegsminister des ISI ernannt wurde, der Anführer war. Offenkundig reagierte die Führung der Gruppe mit dieser Verkündung auf die Kritik an der starken Stellung von ausländischen Kämpfern in der irakischen al-Qaida und versuchte sich ein irakisches Gesicht zu geben.

Abu Ayyub entstammte der ägyptischen Dschihad-Organisation (Tanzim al-Dschihad), die sich unter der Führung von Aiman az-Zawahiri 1997 Bin Laden und der al-Qaida angeschlossen hatte. Der 1968 oder 1969 in einer kleinen Stadt im Nildelta geborene Abu Ayyub gehörte schon seit den 1980er Jahren zur Dschihad-Organisation, ohne dass Näheres zu seiner Karriere bekannt geworden wäre. In den 1990er Jahren soll er sich in Trainingslagern der al-Qaida in Afghanistan aufgehalten und Rekruten im Guerillakampf in Städten ausgebildet haben – ein Indiz dafür, dass er bereits in seiner Heimat terroristisch aktiv gewesen war. Nach dem Sturz der Taliban musste er fliehen und tauchte 2003 im Irak auf, wo er sich der Zarqawi-Organisation anschloss und zu einem engen Vertrauten des Jordaniers wurde. Er war besonders als Konstrukteur von Auto- und Lkw-Bomben bekannt und für Operationen im Süden des Landes zuständig.[11] Seine wachsende Prominenz zeigte sich, als er im Februar 2005 erstmals auf einer amerikanischen Fahndungsliste auftauchte.

Kurz nach dem Tod Zarqawis wurde er zum Emir der irakischen al-Qaida ernannt, bevor diese dann im Oktober 2006 als ISI Baghdadi als Befehlshaber proklamierte. Unter Abu Ayyub al-Masris Führung scheint sich der ISI der Al-Qaida-Führung in Pakistan angenähert zu haben; der Ägypter soll eine enge Verbindung zu seinem Landsmann Zawahiri gehabt haben. Ein wichtiges Indiz war die Ausrufung des ISI, die auf den Vorschlag zurückging, den Zawahiri in seinem Brief vom Juli 2005 gemacht hatte. Auffällig ist zudem, dass mit dem Tod Zarqawis die Anschlagsplanungen in den Nachbarländern endeten. Auch dies könnte auf die Al-Qaida-Führung in Pakistan

zurückgehen, die von ihren »Filialen« fordert, »externe Operationen« ihr zu überlassen. Allerdings ließ die irakische al-Qaida auch unter Masri nicht von ihrer antischiitischen Strategie
ab, was zeigt, dass der Einfluss Bin Ladens und Zawahiris
Grenzen hatte.

Masri war ein schwächerer Führer als Zarqawi. Er sah sich
offenbar in erster Linie als Operationschef und suchte nicht
wie Zarqawi nach öffentlicher Aufmerksamkeit. Auch deshalb
blieb er selbst in Dschihadistenkreisen weitgehend unbekannt.

Über Abu Umar al-Baghdadi war noch weniger bekannt als
über Masri. Das US-Militär im Irak folgerte deshalb im Juli
2007, dass es Baghdadi gar nicht gebe und dass ein Schauspie-
ler seine Tonbandbotschaften vortrage, und vermutete, es gehe
Masri vor allem darum, dem ISI einen irakischen Anstrich zu
verpassen.[12] Im Mai 2008 verkündete die irakische Regierung,
dass Abu Umar al-Baghdadi sehr wohl existiere, mit bürgerlichem Namen Hamid Dawud az-Zawi heiße und vor 2003 in
der irakischen Armee gedient habe, bevor er wegen seines religiösen Extremismus entlassen worden sei. Die Debatte endete
erst im April 2010, als Masri und Baghdadi getötet wurden.

Die beiden ISI-Führer hatten zwar nicht den Niedergang ihrer Organisation aufhalten, doch trotz der sich verschlechtern-
den Gesamtsituation ihre Zerschlagung verhindern können.
Die noch 2006 bis zu 10 000 Mann starke Rebellenorganisation schrumpfte in den nächsten Jahren zu einer Terroristengrup-
pe von höchstens 1000 bis 2000 Mann, möglicherweise sogar
weniger.

Nachdem die meisten konkurrierenden Gruppierungen den
Kampf aufgegeben hatten, konnte der ISI seine alte Strategie,
mit der er auf die Kontrolle von Städten und Territorien abzielte und auf eine möglichst hohe Frequenz von Attentaten im

ganzen Land setzte, nicht fortführen. Er versuchte es stattdessen mit einer kleineren Zahl von opferreichen, aufsehenerregenden und koordinierten Bombenanschlägen in der Hauptstadt Bagdad. Der amerikanische Oberkommandierende im Irak Raymond T. Odierno beschrieb die neue Vorgehensweise des ISI im Sommer 2010 folgendermaßen:

»Wir haben ihre Fähigkeit vermindert, einen langfristigen Aufstand aufrechtzuerhalten, sodass sie jetzt dazu übergegangen sind, terroristische Anschläge zu verüben, um die Legitimität der Regierung zu schädigen.«[13]

Ein amerikanischer Militärgeheimdienstler ergänzte dazu:

»Früher hatten sie die Ressourcen, um überall gleichzeitig zuzuschlagen. Nun schrumpfen sie, und sie müssen entscheiden, wo sie Schwerpunkte setzen, und ich denke, sie haben entschieden, sich auf Bagdad zu konzentrieren.«[14]

Dass der ISI trotz aller Erfolge der US-Truppen nicht besiegt war, zeigte sich an einer Anschlagswelle, die im August 2009 einsetzte und sich vor allem gegen Regierungsgebäude in Bagdad richtete. Die Terroristen profitierten davon, dass die US-Regierung zum 1. Juli 2009 alle ihre Truppen aus den irakischen Städten abgezogen hatte – in Vorbereitung des von Präsident Obama für Ende 2011 angekündigten Rückzugs aller Amerikaner aus dem Irak. Die Anschlagswelle begann am 19. August mit zwei Autobombenanschlägen, die zeitgleich das Außen- und das Finanzministerium trafen, Teile der Gebäude verwüsteten und etwa 120 Menschen töteten. Am 25. Oktober folgte ein ganz ähnliches Attentat auf das Justizministerium und den Sitz des Parlaments der Provinz Bagdad, dem mehr als 150 Iraker zum Opfer fielen. Der dritte Angriff fand am 8. Dezember statt, als Autobomben nahe einem Gerichtsgebäude, einem Trainingszentrum für Richter und einer Bank detonierten, in der viele Angestellte des Finanzministeriums untergebracht waren, weil dessen Hauptgebäude durch den Anschlag vom August schwer beschädigt war. Mehr als 110 Menschen starben. Am 25. Januar 2010 schließlich griff der ISI die schwer bewachten Luxushotels Sheraton, Babylon und Hamra an und tötete mindestens 36 Menschen.[15]

Kurz nach diesem spektakulären Comeback erlebte der ISI den nächsten Rückschlag, als sein Anführer Abu Ayyub al-Masri und der »Befehlshaber der Gläubigen«, Abu Umar al-Baghdadi, am 18. April 2010 getötet wurden. Irakische Truppen hatten das isoliert stehende Haus in der Gegend des Tharthar-Sees in der Provinz Salah ad-Din nordwestlich von Bagdad umzingelt. Als sie auf Widerstand trafen, forderten sie einen amerikanischen Luftschlag auf das Gebäude an, der beide Anführer tötete. Im Mai 2010 veröffentlichte der ISI erste Informationen zu seiner neuen Führung: Zum Emir wurde der bis dahin vollkommen unbekannte Iraker Abu Bakr al-Baghdadi ernannt, den Posten Abu Ayyubs als Kriegsminister übernahm ein Marokkaner namens an-Nasir li-Din Allah Abu Sulaiman. Der Verdacht lag nahe, dass der Marokkaner ebenso wie sein Vorgänger der eigentliche Anführer der Organisation war. Über ihn war lediglich bekannt, dass er erst 2006 in den Irak gekommen war, sich in der Vergangenheit bei al-Qaida in Afghanistan aufgehalten hatte und als Anhänger von Zarqawis antischiitischer Strategie galt.[16] Im Februar 2011 berichteten irakische Medien, Abu Sulaiman sei getötet worden, ohne dass eine Bestätigung des ISI folgte. Ob er wirklich getötet wurde, bleibt unklar, aber seine Spur verlor sich damals. In den folgenden Jahren wurde immer deutlicher, dass der spätere Kalif Ibrahim, Abu Bakr al-Baghdadi, der eigentliche Chef des ISI war. Damit hatten sich die Iraker, die seit 2003 die weit überwiegende Mehrheit der Mitglieder der Organisation stellten, auch in der Führung des ISI durchgesetzt. Da außerdem der Zustrom von ausländischen Kämpfern ab 2008 stark nachließ, wurde der ISI immer mehr zu einer fast rein irakischen Organisation.

Wiedererstarken unter neuem Anführer

Der spektakuläre Wiederaufstieg des ISI ab 2010 ist eng verbunden mit der Person Abu Bakr al-Baghdadis, der die Organisation autoritär und mit großem Erfolg führte. Auch zu ihm liegen nur wenige verlässliche Informationen vor, und es dauerte nach seiner Amtsübernahme vier Jahre, bis er erstmals auf einem Video zu sehen war. Dies dürfte vor allem der Sorge um die eigene Sicherheit geschuldet gewesen sein. Allen Mitgliedern der ISI-Führung war bewusst, dass Abu Musab az-Zarqawi getötet worden war, kurz nachdem er sich zum ersten Mal unvermummt auf einem Video gezeigt hatte, und sie bemühten sich, ähnliche Fehler zu vermeiden. Baghdadi alias Abu Du'a alias Kalif Ibrahim heißt mit bürgerlichem Namen Ibrahim Ibn Awad al-Badri und wurde etwa 1971 in Samarra geboren. Er gehört zum Stamm der al-Bu Badr, der in der Provinz Diyala nordöstlich von Bagdad und in der Stadt Samarra siedelt. Laut dschihadistischen Quellen stammen die al-Bu Badr von den Quraisch ab, dem Stamm des Propheten Mohammed aus Mekka. Diese Behauptung ist zumindest auffällig, denn auch von

Abu Umar al-Baghdadi wurde geschrieben, dass er von den Quraisch abstamme. Da viele sunnitische Theoretiker der Meinung sind, dass eine quraischitische Herkunft eine notwendige Bedingung für die Übernahme des Kalifenamtes ist, dürfte die schon 2006 behauptete Abstammung mit Blick auf dieses Ziel formuliert worden sein.

Laut Baghdadis im Internet kursierender dschihadistischer Biographie studierte der ISI-Anführer an der Islamischen Universität von Bagdad Religionswissenschaften und schloss mit einem Doktortitel ab. Obwohl dieser Lebenslauf stark hagiographischen Charakter hat, dürfte Baghdadi eine lange und profunde religiöse Ausbildung durchlaufen haben, denn er spricht ein sehr schönes, akzentfreies und wortreiches Hocharabisch, das in der arabischen Welt meist die religiös Gebildeten auszeichnet. In seiner Biographie heißt es, er sei vor allem in islamischem Recht, arabischer Geschichte und Genealogie bewandert und habe sich bereits früh einen Namen als Prediger gemacht. In seiner Heimatstadt Samarra und in Diyala sei er zu einer der wichtigsten salafistisch-dschihadistischen religiösen Autoritäten geworden und habe in der bekannten Ahmad-Ibn-Hanbal-Moschee in Samarra gepredigt. Baghdadi soll bereits kurz nach der amerikanischen Invasion zu den Waffen gegriffen und gemeinsam mit Gleichgesinnten eine dschihadistische Gruppe gegründet haben, die sich »Armee der Sunnitengemeinschaft« (Dschaish Ahl as-Sunna wa-l-Dschama'a) nannte und in Diyala, Samarra und Bagdad operierte. Er selbst nahm die Funktion des Religions- oder Schariaverantwortlichen ein, die in dschihadistischen Gruppierungen oft besonders wichtig ist, weil dem Amtsträger die Auslegung der Schriften und damit die Definition der ideologischen Linie obliegt. Als sich Baghdadis Gruppierung kurz nach dessen Gründung Zarqawis Rat der Glaubenskämpfer anschloss, wurde er zum Mitglied im Führungsrat (Madschlis ash-Shura) ernannt. Mit der Gründung des ISI stieg er zum obersten Scharia-Verantwortlichen auf und blieb Mitglied im Führungsrat. Abu Umar al-Baghdadi soll ihn dann zu seinem Nachfolger designiert haben.[17]

In der dschihadistischen Biographie wird kurz darauf verwiesen, dass Baghdadi eine Zeitlang in Gefangenschaft saß. Laut amerikanischen Presseberichten war Baghdadi von 2005 bis 2009 im Gefangenenlager Camp Bucca im Südirak inhaftiert. Das Pentagon widersprach dieser Darstellung und gab an, dass Baghdadi zwar im Februar 2004 in der Nähe von Falludscha verhaftet wurde, aber für nur zehn Monate in Camp Bucca inhaftiert war.[18] Einer anderen und von einzelnen Militärs gestützten Darstellung zufolge saß Baghdadi jedoch tatsächlich mehr als vier Jahre, von 2004 oder 2005 bis Spätsommer 2009 dort ein, bevor er an die Iraker übergeben und freigelassen wurde.[19] Das würde allerdings bedeuten, dass er zu der Zeit, als der Rat der Glaubenskämpfer und der ISI gegründet wurden, Hunderte Kilometer entfernt in einem Gefängnis nahe der kuwaitischen Grenze saß. Beiden Darstellungen zufolge galt der Iraker damals nicht als wichtiger Dschihadist und fiel auch im Gefängnis nicht als Führungsfigur auf. Was immer die korrekte Darstellung ist: Baghdadis Zeit in Camp Bucca prägte die spätere Geschichte des ISI. Er scheint während der Gefangenschaft wichtige Kontakte zu ehemaligen Offizieren des Regimes von Saddam Hussein aufgebaut zu haben, die nach 2010 die Führungsspitze der Organisation stellten. Der wichtigste war Hadschi Bakr (Samir al-Khulaifawi), der Militärführer des ISI war, bevor er im Januar 2014 in Syrien getötet wurde. Und zumindest zwei der drei späteren Mitglieder seines Militärrates, des wichtigsten Führungsgremiums des ISI, hatten in Camp Bucca eingesessen.[20] Nicht zu Unrecht nannte ein ehemaliger Kommandant des Lagers das Camp einen »Schnellkochtopf für Extremismus«, und arabische Quellen sprachen von einer »Al-Qaida-Schule«, in der die Rekruten alles lernen konnten, was sie für eine dschihadistische Karriere beherrschen mussten.[21] Dies ist besonders dramatisch angesichts der Tatsache, dass in den sechs Jahren seines Bestehens insgesamt rund 10 000 Gefangene zeitweilig dort inhaftiert waren. Die US-Militärs schienen keinen Überblick darüber gehabt zu haben, wen sie inhaftiert hatten und was sich unter den Insassen abspielte. Als sie Camp Bucca 2009 auflösten und die verbliebenen Gefangenen an die Iraker übergaben, verloren sie vollends die Kontrolle. Viele inhaftierte Dschihadisten und Baathisten kamen ab 2010 bei spektakulären Angriffen auf irakische Gefängnisse frei.

Wie lange Baghdadi tatsächlich in Camp Bucca eingesessen haben mag, 2010 war er jedenfalls frei, und parallel zu seinem Amtsantritt als ISI-Chef verbesserte sich die Situation für die Organisation, weil die Amerikaner ihre Truppen weiter reduzierten und die irakische Regierung durch Grabenkämpfe unter den Politikern in Bagdad gelähmt wurde. Die erste Etappe des amerikanischen Abzugs war der erwähnte Rückzug von Truppen aus den irakischen Städten am 1. Juli 2009 gewesen, der die große Anschlagswelle in Bagdad ab August 2009 ermöglichte. Trotz dieser Attentate hielt die US-Regierung an dem von Präsident Obama festgelegten Ziel fest, den Kampfeinsatz »Iraqi Freedom« zum 31. August 2010 zu beenden, sodass danach nur noch 50 000 amerikanische Soldaten als »Militärberater« im Land stationiert sein würden – weniger als ein Drittel der Zahl von 2007. Die irakische politische Elite konnte sich der daraus folgenden Verschlechterung der Sicherheitslage nicht widmen, weil sie mit der Bildung einer neuen Regierung beschäftigt war. Im März 2010 fanden Parlamentswahlen statt, die keinen klaren Sieger hervorbrachten. Die sich anschließenden Verhandlungen über die Bildung einer Koalition und die Verteilung der Ämter dauerten bis November an. Zwar führte die bis dahin amtierende Regierung Maliki die Geschäfte in der Interimsphase fort, doch war der Machterhalt in den Bagdader Ränkespielen und nicht die Terrorismusbekämpfung ihre oberste Priorität. Es zeigte sich jetzt schnell, dass die irakischen Sicherheitskräfte trotz aller Verbesserungen der vorangegangenen Jahre immer noch stark von amerikanischer Hilfe abhängig waren.

Die Folgen dieses Versagens der irakischen Regierung wurden schon Mitte 2010 sichtbar: Am 25. August verübte der ISI eine der ehrgeizigsten Anschlagsserien seiner Geschichte. In dreizehn irakischen Städten, darunter Bagdad, Mossul, Tikrit, Kirkuk, Basra, Kut und Kerbela, zündeten Selbstmordattentäter zeitgleich Autobomben sowie andere Sprengsätze und töteten mehr als fünfzig Menschen.[22] Die Anschläge sollten den USA zeigen, dass die Kampfhandlungen mitnichten beendet waren und dass mit dem ISI trotz des amerikanischen Stichtags 31. August und des laufenden Abzugs der Kampftruppen weiterhin zu rechnen war. Besonders überraschend und besorgniserregend war es, dass der ISI sich nicht wie in den Vormonaten auf Bagdad beschränkte, sondern in allen arabischen Landesteilen und besonders im schiitischen Süden aktiv werden konnte – einem Gebiet, in dem die Bevölkerung dem ISI feindselig gegenübersteht. Unter der Führung Baghdadis meldete sich der ISI zurück und begann seinen Wiederaufstieg.

4
Das neue Schlachtfeld: Expansion nach Syrien

In einer dramatischen Audiobotschaft rief der ISI-Anführer Abu Bakr al-Baghdadi am 8. April 2013 den »Islamischen Staat im Irak und (Groß-)Syrien« (ad-Daula al-Islamiya fi l-Iraq wa-sh-Sham) aus. In seiner Rede rekapitulierte er zunächst die vorherigen Änderungen des Organisationsnamens von der »Gemeinschaft des Monotheismus und des Heiligen Krieges« zu »al-Qaida in Mesopotamien« über den »Rat der Glaubenskämpfer« bis zum »Islamischen Staat im Irak«, sodass der Zuhörer den Eindruck gewinnt, Baghdadi versuche mühsam, die ständigen Namensänderungen zu rechtfertigen, die auch die eigenen Anhänger verwirrt haben dürften. Spannend wird der Text just in dem Moment, in dem der Terrorführer beginnt, über Syrien zu sprechen:

»Die Anführer vor uns [Zarqawi, Masri und Abu Umar al-Baghdadi] haben uns auf einen Weg geführt, auf dem wir nur in ihren gesegneten Fußstapfen weitergehen können. Sie haben uns einen Weg vorgegeben, der Grenzen nicht anerkennt, und sie haben uns eine Methodik vorgezeichnet, die nicht einer Nation oder Rasse allein gehört … Im Irak haben unsere Anführer ihren Aufstieg durch die Ausrufung des Islamischen Staates vollendet, und in Syrien haben sie Zellen gebildet, die sich auf die Vorbereitung und die Ausrüstung beschränkten. Diese warteten auf die Gelegenheit, den Weg des Aufstiegs fortzusetzen, der notwendigerweise fortgesetzt wird. Als sich die Situation in Syrien bis hin zum Blutvergießen ... entwickelte, die Syrer um Hilfe riefen und die Menschen weltweit sie aufgaben, konnten wir nicht anders, als ihnen zu Hilfe zu eilen.«[1]

In der Folge erläutert Baghdadi, wie genau die Hilfe des ISI für die Syrer beschaffen war:

»Wir beauftragten [den Anführer der Nusra-Front] al-Dschaulani, der einer unserer Soldaten ist und bei dem eine Gruppe unserer Söhne war, und schickten ihn aus dem Irak nach Syrien, um sich mit unseren Zellen in Syrien zu treffen. Wir gaben ihnen Pläne vor und zeichneten ihnen eine Arbeitsweise vor, und wir statteten sie monatlich mit der Hälfte unserer Einnahmen aus und versorgten sie mit Männern, die Erfahrungen auf den Schlachtfeldern des Dschihad gesammelt hatten – darunter ausländische (Muhadschirun) und einheimische Kämpfer (Ansar). So schlugen sie sich gut neben ihren Brüdern aus Syrien, und der Einfluss des Islamischen Staates weitete sich auf Syrien aus. Aus Sicherheitsgründen riefen wir ihn aber nicht aus, sodass die Menschen die wahre Natur des Islamischen Staates erkennen konnten, weitab von der Verzerrung und Verfälschung seines Bildes durch die Medien. Nun jedoch ist die Zeit gekommen, um vor den Menschen von Syrien und der ganzen Welt zu erklären, dass die Nusra-Front nichts anderes ist als der Ableger des ISI und ein Teil von ihm.«[2]

Dann kam Baghdadi zum Kern seiner Botschaft:

>>Und so erklären wir vertrauend auf Gott, dass der Name Islamischer Staat im Irak und der Name Nusra-Front abgeschafft und beide unter einem Namen zusammengeführt werden, und dies ist der Islamische Staat im Irak und Syrien. Genauso wird auch die Flagge der beiden Gruppen vereint, ihr Banner ist das des Islamischen Staates und das des Kalifats, so Gott will.<<[3]

Wie sich kurz darauf zeigte, war diese Rede auch eine Kampfansage an die Nusra-Front, die tatsächlich ein Ableger des ISI war, sich aber immer häufiger der Kontrolle Baghdadis entzogen hatte. Sie war zudem eine Kampfansage an alle anderen Rebellen in Syrien, denn die waren aus Sicht des Irakers nur militante Gruppen, er aber der Chef eines eigenen Staates. Wie schon im Irak 2006, verlangte die Organisation von ihren Konkurrenten bedingungslose Unterordnung. Trotz schwerer zwischenzeitlicher Rückschläge nahm der ISIS 2013 und 2014 weite Teile Nord- und Ostsyriens ein, wurde innerhalb eines Jahres zur stärksten aufständischen Macht und nutzte seine Stellungen in Syrien für ein spektakuläres Comeback in der irakischen Heimat, wo er im Sommer 2014 auch in die Offensive ging.

Aufstand und Bürgerkrieg in Syrien

Ebenso wie im Irak unter Saddam Hussein herrschte in Syrien die Baath(=Wiedererweckungs)-Partei, zunächst unter der Führung von Präsident Hafiz al-Assad (1930–2000), anschließend unter der seines Sohnes Bashar. Schon Hafiz al-Assad hatte sich nur mit brutaler Gewalt gegen eine islamistische Revolte behaupten können, die das Land in den Jahren 1976 bis 1982 erschütterte. Erst die Zerstörung von Teilen der Stadt Hama im Jahr 1982, bei der mehrere Zehntausend Menschen getötet wurden, hatte den ersten syrischen Bürgerkrieg beendet und eine lange Phase der Stabilität eingeleitet. Die Unzufriedenheit mit dem Regime blieb jedoch, und als in Nordafrika während des Arabischen Frühlings Anfang 2011 die Diktatoren unter dem Druck der Straße stürzten, weckte das auch in Syrien die Hoffnung auf politische Veränderungen.

Die Proteste begannen aus Furcht vor der Reaktion des Regimes sehr verhalten, und die ersten Demonstrationen in der Hauptstadt Damaskus fanden keinen Widerhall. Dies änderte sich, nachdem Bürger der im Südwesten gelegenen Stadt Deraa im März 2011 gegen die Verhaftung und die Folterung von Kindern und Jugendlichen protestierten, die regimefeindliche Parolen auf Wände geschrieben hatten. Die Proteste weiteten sich zunächst auf die ländlichen Gebiete und kleinen Städte im vorwiegend sunnitisch besiedelten Zentrum, Norden und Osten des Landes aus. Obwohl die Demonstrationen friedlich waren, setzte das Regime auf brutale Repression, unzählige Demonstranten wurden getötet, Inhaftierte brutal gefoltert. Zur selben Zeit desertierten viele Wehrpflichtige und Angehörige der unteren Ränge der Armee. Gemeinsam mit notdürftig bewaffneten Zivilisten versuchten sie, die Demonstranten zu schützen, indem sie anrückende Sicherheitskräfte aufhielten.

Auch in der zweiten Phase der Ereignisse, die etwa Mitte 2011 einsetzte, fanden weiter friedliche Demonstrationen statt. Doch parallel entwickelten sich die Zusammenstöße zwischen Bürgerwehren und Sicherheitskräften zu einem bewaffneten Aufstand. Die Rebellen schlossen sich in lokalen Gruppierungen zusammen, die trotz der Gründung der oppositionellen

Freien Syrischen Armee (FSA) im Juli keiner zentralen Kontrolle unterstanden. Zeitgleich schrumpfte die syrische Armee weiter, weil vor allem die zahlreich vertretenen Sunniten desertierten. Die verbliebenen alawitischen Teile der Streitkräfte und die paramilitärischen Kräfte der Geheimdienste blieben hingegen loyal und übernahmen gemeinsam mit neu aufgestellten Freiwilligenmilizen die Hauptlast des Kampfes. In dieser Phase weiteten sich die Proteste auf die beiden Großstädte Hama und Homs im Zentrum des Landes aus. Homs wurde für einige Monate zum Zentrum des Aufstands, als die Rebellen die Kontrolle über einige Stadtviertel übernehmen konnten. Ab Oktober/November 2011 begannen heftige Kämpfe, die vor allem rund um das Viertel Baba Amr tobten. Das Regime wählte eine Strategie, die es bis in den folgenden Jahren immer wieder mit einigem Erfolg anwandte: Es blockierte alle Zugänge zu den von Aufständischen gehaltenen Vierteln und beschoss sie ohne Rücksicht auf Verluste unter unbeteiligten Zivilisten mit Artillerie. Nach einer Offensive im Februar 2012 gelang es dem Regime, die meisten Rebellen aus Homs zu vertreiben, zunächst ohne dass es die vollständige Kontrolle über die Stadt zurückgewinnen konnte.[4]

Anfang 2012 hatte der Aufstand weite Teile des Landes erfasst und entwickelte sich zu einem Bürgerkrieg. Die weiterhin stark zersplitterten aufständischen Gruppierungen gingen nun von ihren Hochburgen im ländlichen Raum aus offensiv vor.[5] Sie versuchten, die Verbindungslinien des Regimes in den Osten, Norden und das Zentrum des Landes zu kappen und seine Militärbasen in diesen Gebieten einzunehmen. Dabei zielten sie besonders auf Luftwaffenstützpunkte ab, um so die ab Frühjahr 2012 einsetzenden Angriffe mit Kampfflugzeugen und Hubschraubern zu reduzieren. Im Sommer 2012 entschieden sich die Rebellen, auch Aleppo anzugreifen, wo es ebenso wie in Damaskus bis dahin eher ruhig geblieben war. Da sie die ländlichen Gebiete in der Umgebung der Stadt weitgehend kontrollierten, schien diese Entscheidung naheliegend. In den folgenden Monaten konnten sie zwar vorrücken und Teile der Stadt im Süden und Nordosten einnehmen, doch war das Ergebnis ein Patt, da Regimetruppen den Rest der Stadt und den Flughafen behaupten konnten. Hinzu kam, dass die Rebellen durch ihre Präsenz in den Städten verwundbar wurden – das Regime ließ Luftangriffe auf die Städte fliegen und begann im Herbst 2012 sogar Scud-Raketen in die von Aufständischen beherrschten Gegenden zu schießen.[6]

Anfang des Jahres 2013 war die Bilanz gemischt. Das Regime hatte große Teile von Homs zurückgewonnen und den Vormarsch der Rebellen in Aleppo gestoppt. Gleichzeitig gingen diese nun auch in den Vororten von Damaskus in die Offensive.[7] Dies war die Situation, als infolge der Erklärung Baghdadis mit ISIS eine neue aufständische Gruppe auf den Plan trat und damit zum ersten Mal in einem dschihadistischen Einsatzgebiet zwei »Ableger« der al-Qaida operierten. Es zeigte sich bald, dass der einsetzende Konflikt zwischen ISIS und Nusra-Front nicht nur Letztere, sondern den gesamten Aufstand schwächte und die Position des Regimes stärkte.

Die Aufständischen

Die zahlreichen Rebellengruppen haben sich im Verlauf des Bürgerkriegs in Syrien als die mächtigsten oppositionellen Akteure etabliert. Sie entziehen sich auch der politischen Kontrolle durch die in der Syrischen Nationalen Koalition organisierte

Exilopposition, die kaum Einfluss auf die Situation im Land hat. Das größte Problem der Aufständischen ist, dass es ihnen an weltanschaulicher, strategischer und taktischer Einigkeit fehlt und dass ab 2013 sogar Kämpfe zwischen konkurrierenden Gruppierungen begonnen haben. Bis Frühjahr 2013 verfolgten sie mit dem Sturz des Assad-Regimes zwar ein gemeinsames Ziel, doch endete diese vorübergehende Einigkeit mit dem Auftreten von ISIS, dem es in erster Linie um die Kontrolle über Territorium ging, in dem das Assad-Regime ohnehin nicht mehr präsent war und die Aufständischen herrschten. Die große Stärke der Rebellen ist ihre feste Verankerung in der sunnitischen Bevölkerung des Landes – Sunniten stellen in Syrien rund siebzig Prozent der Einwohner, und die meisten von ihnen hassen das Assad-Regime – , was ihnen die Rekrutierung von Kämpfern erleichtert. Die meisten Schätzungen gehen deshalb von sehr hohen Zahlen von insgesamt 80 000 bis 100 000 Aufständischen aus. Ähnlich wie im irakischen Aufstand 2003 bis 2007 sind die Rebellen in Syrien in drei große Lager gespalten, die Freie Syrische Armee, die Islamisten und Salafisten sowie die Dschihadisten.

Die Freie Syrische Armee (FSA) entstand im Juli 2011 als Dachorganisation für die frühen Rebellengruppen, die sich damals fast überall im Land bildeten. Die meisten Kämpfer waren Deserteure und Zivilisten, die aus dem in Syrien obligatorischen Wehrdienst über militärische Erfahrungen verfügten. Obwohl ihre Führungspersönlichkeiten mehrheitlich säkularistische Offiziere sind, hat die FSA kein stark ausgeprägtes ideologisches Profil. Die zu ihr gehörenden Gruppierungen folgen einem breiten Spektrum, zu dem bis 2012 auch zahlreiche eher moderate Islamisten gehörten. Diese Gruppen verbanden mit der Bindung an die FSA die Hoffnung, internationale Unterstützung zu bekommen. Als auf die zahlreichen Ankündigungen kaum ausländische Hilfe folgte, wandten sich viele enttäuscht von der FSA ab und suchten nach anderen Finanzierungsmöglichkeiten. Dieser Trend hielt auch nach der Einrichtung des Obersten Militärrates im Dezember 2012 an, der als Koordinierungsinstrument gegründet wurde, diese Aufgabe aber nie erfüllen konnte. 2013 und 2014 geriet die FSA in eine schwere Krise, weil sie nur sporadisch Unterstützung erhielt und die konkurrierenden Salafisten und Dschihadisten erstarkten. Trotzdem sind Nachrufe verfrüht, denn noch immer bekennen sich mehrere zehntausend Kämpfer zur FSA und sind in den strategisch wichtigen Regionen im Süden des Landes und in Aleppo und Umgebung nach wie vor stark vertreten.

Islamisten und Salafisten stellten von Beginn des Bürgerkrieges an zahlreiche Gruppierungen mit vielen Kämpfern und gewannen 2012 und 2013 enorm an Bedeutung. Einige von ihnen hatten sich zunächst der FSA angeschlossen, sich ab 2012 aber von ihr abgewandt, weil sie dort keine Unterstützung erhielten. Andere hatten von Beginn an aufgrund ideologischer Differenzen die Zusammenarbeit mit den Ex-Offizieren abgelehnt. Als der Oberste Militärrat gegründet wurde, reagierten sie, indem sie kurz darauf die »Syrische Islamische Front« (al-Dschabha al-Islamiya as-Suriya) schufen, deren größte Mitgliedsorganisation die Salafisten von Ahrar ash-Sham (Die Freien Männer von Syrien) sind.[8] Die Gründung war ein erster deutlicher Hinweis, dass sich die Konkurrenz unter den syrischen Aufständischen verschärfte. Im November 2013 wurde sie durch die neue »Islamische Front in Syrien« (al-Dschabha al-Islamiya fi Suriya) abgelöst. Ihr gehörten wiederum Islamisten und Salafisten wie die Ahrar ash-Sham und die Liwa at-Tauhid (Monotheismus-Brigade) an, dazu war nun auch die erst im September neu gegründete Dschaish al-Islam (Armee des Islam) unter der Führung von Zahran Allush vertreten. Schätzungen zufolge kommandierte die neue Islamische Front 40000 bis 60000 Kämpfer, doch könnten diese Zahlen zu hoch gegriffen sein.

Die Gruppierungen der Islamischen Front sind zwar mehrheitlich Salafisten, aber sie vertreten öffentlich eine auf Syrien bezogene nationale Orientierung. Ihr wichtigstes Ziel ist der Sturz des Assad-Regimes und die Gründung eines islamischen Staates, wobei nicht ganz klar wird, wie genau dieser aussehen soll. An der Muslimbruderschaft orientierte Gruppen sind zwar noch präsent, haben jedoch seit 2012 an Einfluss verloren. Stattdessen dominieren Salafisten wie Ahrar ash-Sham, die 2013 die stärkste Rebellengruppe war, seit 2014 aber mit dem IS, wie sich der ISI seit Juni 2014 nannte, um diese Position wetteifert. Die große Stärke der Islamischen Front ist, dass sie viel Geld aus den arabischen Golfstaaten erhält, was ihren schnellen Aufstieg erklärt. Die Ahrar ash-Sham erhalten Hilfe von Katar und der Türkei; Dschaish al-Islam hingegen gilt als Protégé der Saudis.

Die Dschihadisten der Nusra-Front, des IS und mehrerer kleinerer Gruppierungen schließlich unterscheidet von den anderen aufständischen Organisationen, dass der Krieg in Syrien für sie Teil einer größeren Auseinandersetzung ist, die mit dem Sturz Assads nicht enden würde. Sie zielen darauf ab, den bewaffneten Kampf im Erfolgsfall auf die Nachbarstaaten Libanon, Jordanien, die Türkei und Saudi-Arabien auszudehnen und vor allem Israel anzugreifen. Es ist auch zu befürchten, dass sie ihren »Dschihad« über den Nahen Osten hinaus Richtung westliche Welt tragen wollen. Ihr zunehmend aggressives Auftreten hat dazu geführt, dass die Dschihadisten im Unterschied zu den Islamisten und Salafisten wahrscheinlich keine Unterstützung mehr von Staaten erhalten – nachdem bis 2013 immer wieder berichtet worden war, dass die Türkei und Katar die Nusra-Front mit Geld und Waffen ausstatten. Selbst wenn dies der Fall sein sollte, profitieren alle Dschihadisten davon, dass sie in der Türkei weitgehende Bewegungsfreiheit genießen. Und Geldspenden beziehen sie weiterhin von privaten Sympathisanten aus der Golfregion, die vor allem über Kuwait nach Syrien geschickt werden. Die Zahl der Dschihadisten in Syrien dürfte Anfang 2015 bei grob geschätzten 20 000 bis 30 000 Mann gelegen haben.

Die Nusra-Front

Abu Bakr al-Baghdadi und seine Gefolgsleute verstanden schnell, dass der beginnende Bürgerkrieg in Syrien ihnen die Chance bot, auch dort eine neue Basis für ihren Kampf aufzubauen. Schon im Sommer 2011 entsandte der ISI-Chef eine Gruppe loyaler Gefolgsleute in das Nachbarland, damit sie ausloteten, ob und wie sich der ISI am Kampf gegen das Assad-Regime beteiligen könnte. Sie profitierten davon, dass der ISI in Syrien bereits seit dem Aufstand im Irak über eine gut ausgebaute Infrastruktur verfügte. Ab 2003 war Syrien rasch das wichtigste Transitland für die in den Irak strömenden ausländischen Kämpfer geworden. Arabische Staatsangehörige durften visumfrei einreisen und machten von dieser Gelegenheit reichlich Gebrauch. Syrische Dschihadisten wiederum halfen den Freiwilligen auf ihrem Weg in das Nachbarland, sodass ein enges Netzwerk mit wichtigen Stützpunkten in Aleppo, Deir ez-Zor und vielen Orten nahe der Grenze zum

Irak entstand. Die Schleuser nutzten zwei Hauptrouten: eine im Norden in Richtung Sindschar-Gebirge und Mossul und eine entlang dem Euphrat in die Provinz Anbar hinein.

Überdies spielten Syrer nicht nur als Logistiker, sondern auch als Kämpfer eine wichtige Rolle bei der irakischen al-Qaida und beim ISI. Parallel zur Entstehung der Schleuser-netzwerke machte sich ein starker militanter Untergrund bemerkbar, und viele syrische Kämpfer schlossen sich den Dschihadisten im Irak an. In den Jahren 2003 bis 2008 scheinen sie neben den Saudi-Arabern sogar das größte Kontingent ausländischer Kämpfer gestellt zu haben. Die hohe Zahl syrischer Dschihadisten ging darauf zurück, dass es in ihrem Land eine lange Tradition des bewaffneten Kampfes gab. Militante Islamisten hatten das Assad-Regime bereits in den 1970er und 1980er Jahren in einem kurzen Bürgerkrieg bekämpft und waren gescheitert. Ihr Gedankengut war jedoch insbesondere in den alten Hochburgen wie Aleppo und Hama immer noch lebendig, und ihre jugendlichen Anhänger fanden im Krieg gegen die US-Truppen und die Regierung in Bagdad ein neues Tätigkeitsfeld.

Das Regime in Damaskus war an dieser Entwicklung maßgeblich beteiligt. Für mehrere Jahre duldete es die Anreise von Tausenden Kämpfern und half sogar aktiv bei ihrer Schleusung Richtung Irak. Ihm ging es in erster Linie darum, Druck auf die US-Truppen im Nachbarland auszuüben und so zu verhindern, dass die Bush-Administration auch in Syrien auf einen Regimewechsel hinarbeiten würde. Die Idee, nach Saddam Hussein auch dessen syrischen Diktatorenkollegen Assad zu stürzen, war in Washington 2002 und 2003 tatsächlich diskutiert worden. Als nach der Invasion des Irak aber der Aufstand ausbrach und in einen Bürgerkrieg umschlug, war von solchen

Plänen nicht mehr die Rede. Daher fiel es dem Assad-Regime leicht, die Reisen ausländischer und syrischer Dschihadisten ab 2007 nicht zuletzt auf Druck der US-Regierung einzuschränken. Seit 2008 ging die Zahl der ausländischen Kämpfer bei ISI tatsächlich stark zurück. Die syrische Regierung scheint die Förderung der Dschihadisten 2003 bis 2007 jedoch als Erfolg verbucht zu haben. Denn sie setzte diese Politik in neuer Form ab Frühjahr 2011 fort, indem sie zahlreiche inhaftierte militante Islamisten freiließ – unter ihnen wahrscheinlich auch Abu Muhammad al-Dschaulani und andere prominente Syrer. Die einzige plausible Erklärung für diesen Schritt ist, dass das Assad-Regime die Salafisten und Dschihadisten stärken wollte, um so die Aufstandsbewegung zu spalten und seine eigene Argumentation zu stützen, dass es sich bei den Aufständischen um Terroristen handele. So trug Damaskus maßgeblich zum schnellen Erstarken der Nusra-Front und der Ahrar ash-Sham bei und förderte indirekt den ISI. Das mit dieser Politik verbundene Risiko hat den Strategen des Assad-Regimes vermutlich keine Sorgen bereitet, und sie hatten Dschihadisten schon zu oft für ihre eigenen Zwecke manipuliert, als dass sie in dieser existenziellen Krise darauf verzichtet hätten.

Die kleine ISI-Delegation, die im Sommer 2011 zur Erkundung der Lage anreiste, hatte dementsprechend zahlreiche Anlaufpunkte. Ihr Anführer war Abu Muhammad al-Dschaulani, der für den ISI jahrelang als Logistiker und Schleuser zwischen Syrien und dem Irak gearbeitet hatte. Gemeinsam mit drei weiteren Dschihadisten bereiste er die ländlichen Gebiete im Zentrum und im Norden und empfahl Baghdadi in einem ausführlichen Strategiepapier, den Kampf in Syrien aufzunehmen. Das Land, so Dschaulani, sei »einer der wichtigsten strategischen Schauplätze des erwarteten Krieges zwischen dem schiitischen und dem sunnitischen Bündnis« und ein wichtiges Sprungbrett für den anschließenden Kampf gegen Israel.[9] Daraufhin beauftragte Baghdadi seinen syrischen Gefolgsmann mit dem Aufbau einer ISI-Teilorganisation in Syrien, schickte ihm Personal und stattete ihn mit Geld aus. Um die Kontrolle über die syrische Organisation zu gewährleisten, soll Baghdadi einen gemeinsamen Führungsrat (Madschlis ash-Shura) von zwölf Personen eingerichtet haben, dem Dschaulani und vier weitere Syrer angehörten. Außerdem beauftragte er einen seiner engsten Gefolgsleute, Dschaulani aus der Nähe zu überwachen.[10]

Um die Jahreswende 2011/2012 fanden in Damaskus und Aleppo die ersten großen Anschläge statt, die genau den aus dem Irak bekannten entsprachen. Dabei fährt ein Selbstmordattentäter einen mit Sprengstoff beladenen Pkw oder Lkw möglichst nahe an das vorab ausgewählte Ziel und bringt die Bombe dann zur Detonation. Der ISI hatte solche Attentate im Irak zu Hunderten verübt, und dieselbe Vorgehensweise nun in Syrien zeigte, dass auch dort Dschihadisten am Aufstand beteiligt waren. Entsprechende Gerüchte bestätigten sich, als die »Hilfsfront für die Menschen Syriens« (Dschabhat an-Nusra li-Ahl ash-Sham) am 24. Januar 2012 ihre Gründung verkündete und Abu Muhammad al-Dschaulani als ihren Anführer (Emir) benannte. Damals muss die Nusra-Front noch sehr klein gewesen sein, doch wuchs sie in den nächsten Monaten schnell auf mehrere tausend Kämpfer an. Sie verbreitete die Bilder und Nachrichten von ihren nun zahlreichen Anschlägen über ihre Medienstelle »Das weiße Minarett« (al-Manara al-Baida), sodass sie schnell bekannt und zum Hauptanlaufpunkt für die ab 2012 ins Land strömenden ausländischen Kämpfer wurde. Gleichzeitig erwarb sie unter Syrern schnell den Ruf, eine der wenigen Rebellengruppen zu sein, die die Bevölkerung effektiv gegen die Truppen des Assad-Regimes verteidigte.[11] Hier wirkte sich 2012 die Schwäche der FSA aus, die Mitglieder verlor, während die Nusra-Front großen Zulauf auch syrischer Freiwilliger hatte.

Ihre Zugehörigkeit zum ISI verschwieg die Nusra-Front jedoch, um nicht die Unterstützung der Syrer zu verlieren, und stiftete damit einige Verwirrung. Denn während ihre Anschläge den Einfluss der irakischen Organisation verrieten, unterschied sich ihre Strategie doch deutlich von der des ISI. In ihren Hochburgen übernahm die Gruppierung quasi-staatliche Aufgaben und bemühte sich, die örtliche Bevölkerung mit Nahrungsmitteln und Wasser zu versorgen und wenn möglich auch Elektrizität und Treibstoff bereitzustellen. Ihre Angriffe richteten sich meist gegen syrische Sicherheitskräfte und militärische Einrichtungen, und sie versuchte zivile Opfer zu vermeiden, um die Unterstützung der Bevölkerung nicht zu verlieren. Überdies setzte die Nusra-Front auf enge Zusammenarbeit mit den anderen aufständischen Gruppierungen, insbesondere den Salafisten von Ahrar ash-Sham, aber anlassbezogen ebenso mit der FSA. Damit zeigte Nusra, dass sie aus den Fehlern des ISI gelernt hatte, warf allerdings auch die Frage auf, in welchem Verhältnis die beiden Organisationen zueinander standen. Die Strategie der Nusra-Front legte eher eine enge Beziehung zur Al-Qaida-Spitze um den Ägypter Aiman az-Zawahiri in Pakistan nahe, denn dieser hatte seine Gefolgsleute in Syrien und in anderen Ländern immer wieder aufgefordert, die Zusammenarbeit mit allen Aufständischen zu suchen, die Unterstützung der Bevölkerung zu gewinnen und ihre enge Bindung an al-Qaida nicht zu früh allzu offensichtlich werden zu lassen.

Der Erfolg gab Zawahiri recht, denn die Nusra-Front wurde 2012 zu der neben den Ahrar ash-Sham stärksten aufständischen Organisation. Schätzungen zufolge gehörten ihr Anfang 2013 zwischen 5000 und 15 000 Mann an – unter ihnen Hunderte oder mehr Ausländer, die in immer größerer Zahl in Syrien ankamen. Ihre Hochburgen hatte sie damals in den Provinzen Idlib und Aleppo im Norden, entlang dem Euphrat-Tal und in Deir ez-Zor im Osten, war aber auch in Zentralsyrien und der Umgebung von Damaskus und im Süden des Landes präsent. Einer ihrer größten Erfolge war die Einnahme der Provinzhauptstadt Raqqa im März 2013 in einer gemeinsamen Aktion mit den Ahrar ash-Sham.[12] Zu diesem Zeitpunkt war das Verhältnis zwischen der Nusra-Front und ihrer Mutterorganisation ISI schon stark angespannt und lief rasch auf den Bruch vom April 2013 zu. Ein Grund war, dass Baghdadi irakische Gefolgsleute zur Kontrolle Dschaulanis und der Nusra-Front nach Syrien schickte. Der wichtigste Verbindungsmann soll ein Abu Ali al-Iraqi (möglicherweise al-Anbari) gewesen sein, der nicht nur als Kurier zwischen den beiden Führern fungierte, sondern sich als Vorgesetzter Dschaulanis verstand. Als der Konflikt an Schärfe zunahm, beschloss der gemeinsame Führungsrat in Abwesenheit seiner fünf syrischen Mitglieder, die Herkunft der Nusra-Front offenzulegen, den ISIS auszurufen und so direkt auf dem syrischen Kriegsschauplatz aufzutauchen.[13]

Der ISIS im syrischen Bürgerkrieg

Die Ausrufung des ISIS wurde zu einem wichtigen Wendepunkt im syrischen Bürgerkrieg. Die Erklärung Baghdadis vom April führte erst einmal zu einer wochenlangen Schockstarre unter den Aufständischen, die abwarteten, wie sich die Ausrufung von ISIS auswirken würde. Das Regime hingegen festigte seine Position im Zentrum des Landes, indem es im Mai 2013 die Stadt Qusair zurückeroberte. Zwischen Homs und der libanesischen Grenze gelegen, liefen wichtige Versorgungswege der Rebellen über diese Stadt ins Zentrum des Landes, die nun gekappt wurden. Überdies sicherte das Regime so die Landverbindung zwischen der Hauptstadt Damaskus und den weiterhin ruhigen Gebieten am Mittelmeer und im Küstengebirge. An den Kämpfen nahmen aufseiten der Regimetruppen mehrere tausend Kämpfer der libanesischen Hizbullah teil. Dies verdeutlichte, wie sehr die nun vorwiegend von Alawiten gestellten Regimetruppen (deren Stärke im Sommer 2014 – bei abnehmender Tendenz – auf etwa 120 000 Mann und 50 000 paramilitärische Kräfte der Geheimdienste und Milizen geschätzt wurde) unter Personalmangel litten. Es war vermutlich auch dieser Mangel an Kämpfern, der das Regime verleitete, erstmals in größerem Maßstab Chemiewaffen einzusetzen. Am 21. August starben etwa 1400 Bewohner zweier Rebellenhochburgen im östlichen Grüngürtel von Damaskus nach Beschuss mit Sarin. Obwohl die USA anschließend einen begrenzten Militärschlag ankündigten, wirkte sich der Massenmord an Zivilisten nicht zum Nachteil des Regimes aus. Nachdem Damaskus zugesagt hatte, der Chemiewaffenkonvention beizutreten und alle seine Chemiewaffen zerstören zu lassen, blies die Obama-Administration die Militäraktion ab. Dass nicht einmal solch ein monströses Verbrechen die USA und ihre Verbündeten zum Eingreifen veranlasste, demoralisierte nichtislamistische Kämpfer, sodass viele enttäuscht aufgaben. Die Dschihadisten hingegen, die in Assad *und* den USA Feinde sahen, sahen sich mehr als bestätigt.

Nach einer wochenlangen Phase gespannter Ruhe übernahmen ISIS-Einheiten ab Sommer 2013 nach und nach Stützpunkte der Nusra-Front im Osten und Norden des Landes. Viele Nusra-Führer mit ihren Gruppen und einzelne Mitglieder liefen zu ISIS über, weil sie der Meinung waren, zu der irakischen Organisation zu gehören. Die erstaunte Nusra-Führung wehrte sich nicht, da die Übernahme vollkommen unerwartet kam. Zudem fürchtete sie wie viele andere Aufständische den offenen Konflikt, der ihrer Ansicht nach den gemeinsamen Kampf gegen Assad erschwert hätte.[14] Die neue Präsenz des ISIS wurde im wahrsten Sinn des Wortes sichtbar, weil er die Flaggen der Nusra-Front durch eigene ersetzte. Dabei handelt es sich um eine Adaption des Logos der irakischen al-Qaida, das in weißer Schrift auf schwarzem Grund die Worte »Es gibt keinen Gott außer Gott« zeigt, darunter das »Prophetensiegel«, das den Siegelring des Propheten Mohammed abbilden soll, auf dem untereinander die Wörter »Gott«, »Prophet« und »Mohammed« geschrieben stehen. Unter diesem Siegel wiederum steht der Organisationsname.

Der Übernahmeprozess verlief langsam und zunächst ohne größere Auseinandersetzungen. Bis August scheinen die anderen aufständischen Gruppierungen nicht verstanden zu haben, wie gefährlich der Gegner war, der ihnen in ISIS erwuchs. Der Glaube, dass die Gruppierung ein Partner im Kampf gegen Assad sein könne, wurde scheinbar bestätigt, weil ISIS an der Einnahme der Hubschrauber- und Luftwaffenbasis Minnagh nahe der türkischen Grenze nördlich von Aleppo im August 2013 teilnahm. Einheiten der FSA-Organisation »Sturm des Nordens« (Asifat ash-Shimal) hatten den Stützpunkt damals schon seit fast einem Jahr belagert, als ISIS ihnen zu Hilfe kam und die Eroberung gelang. Doch schnell folgte die Ernüchterung für die Aufständischen. Denn die Dschihadisten rückten ohne ihre Kampfgefährten von der FSA in die Basis ein und verweigerten sämtlichen anderen Organisationen den Zugang. Als ISIS im Folgemonat auch die bis dahin von FSA-Gruppierungen gehaltene Stadt Azaz in der Nähe von Minnagh einnahm, eskalierten die Auseinandersetzungen. Ein weiterer Grund war eine ganze Serie von Mordanschlägen, mit denen ISIS die Anführer konkurrierender Gruppen liquidierte. Schon im Juli hatte sie den prominenten FSA-Kommandeur Abu Basir Kamal Hamami in der Provinz Latakia ermordet und setzte die Attentate in den folgenden Monaten fort.[15] Trotzdem zögerten die großen aufständischen Organisationen – allen voran Ahrar ash-Sham – noch immer, gegen ISIS vorzugehen, weil sie eine weitere Schwächung der Rebellion befürchteten. Die Zurückhaltung der Salafisten erlaubte es ISIS, seine Positionen auszubauen. Im August übernahm er die Provinzhauptstadt Raqqa und kleinere Orte zwischen dieser Stadt und Aleppo. Besonderes Augenmerk galt den von Rebellen gehaltenen Orten nahe der türkischen Grenze wie vor allem Azaz, weil sie dort die Nachschublinien in die Türkei kontrollieren konnten. Im Sommer 2013 waren ISIS-Einheiten auch schon in der Stadt Aleppo, in der Provinz Idlib und im nördlichen Teil der Küstenprovinz Latakia präsent.[16]

Erst im Dezember 2013 begannen erste Scharmützel zwischen dem ISIS und Einheiten der Ahrar ash-Sham im Norden der Provinz Aleppo. Nachdem die Ahrar im Lauf der Kämpfe den strategisch wichtigen Grenzübergang Bab al-Hawa eingenommen hatten, eskalierte der Kampf. Den Anlass für die bewaffnete Auseinandersetzung lieferte die Ermordung des Ahrar ash-Sham-Kommandanten Husain Sulaiman (Abu Rayyan) im Dezember durch ISIS. Abu Rayyan, der Anführer der Organisation in Maskana östlich von Aleppo, war als Emissär zu ISIS gekommen, um über den Konflikt der Gruppierungen in dem Ort zu verhandeln. Dabei wurde er von ISIS-Leuten gekidnappt, anschließend schwer gefoltert und getötet.[17] Daraufhin entschieden sich die Ahrar ash-Sham und die kurz zuvor gegründete »Islamische Front«, den ISIS offen zu bekämpfen. Die Offensive, an der auch die FSA beteiligt war, begann Anfang Januar 2014. Bis Ende Februar gelang es der Islamischen Front, die ISIS-Einheiten aus Idlib, der Stadt Aleppo und den Dörfern nördlich der Stadt Richtung Grenze einschließlich der wichtigen Stützpunkte in Azaz und Minnagh zu vertreiben. Die ISIS-Truppen zogen sich daraufhin nach Osten zurück, konnten sich aber im Osten der Provinz Aleppo, in Raqqa und weiten Teilen der Provinz Deir ez-Zor halten.[18] Damals zeigte ISIS den Syrern zum ersten Mal ganz offen, zu welchen Verbrechen er fähig war. Kurz vor dem Rückzug töteten die ISIS-Kämpfer Hunderte Gefangene, die sie in den jetzt aufgegebenen Stützpunkten festgehalten hatten.

Die Nusra-Front beteiligte sich nur vereinzelt und sehr verhalten an der Offensive gegen ihre Mutterorganisation. Dies änderte sich erst, nachdem im Februar ein ISIS-Selbstmordattentäter den offiziellen Stellvertreter des Al-Qaida-Chefs Zawahiri in Syrien tötete. Daraufhin flammten im März im Osten des Landes, wo die Nusra immer noch präsent war, Kämpfe zwischen ihr und dem ISIS auf – zunächst ohne dass eine Seite strategische Vorteile erringen konnte. Die Entscheidung zugunsten von ISIS sollte erst fallen, nachdem die Organisation im Juni 2014 im benachbarten Irak zu einem beispiellosen Siegeszug ansetzte. Die Erfolge in Mossul und die Kontrolle über weite Teile des West- und Nordwestirak halfen, ISIS auch in Syrien zur wichtigsten aufständischen Organisation zu machen.

5
Der Weg zum Kalifat im Irak

Im Juni 2014 errang der IS mit der Einnahme der Stadt Mossul den bisher größten Erfolg seiner Geschichte. In den frühen Morgenstunden des 6. Juni nahmen 1500 bis 2000 Kämpfer die Stadt am Tigris mit ihren rund 1,5 Millionen Einwohnern im Sturm. Die Hauptstreitmacht näherte sich von der syrischen Grenze her auf Hunderten Pick-ups, die mit aufmontierten Maschinengewehren ausgestattet waren und die Straßensperren an den westlichen Zugangsstraßen schnell überrannten. Parallel verübten Selbstmordattentäter Angriffe auf Polizei- und Armeeeinrichtungen in der Stadt. Einmal in Mossul angekommen, vereinigten sich die Angreifer mit aus der Umgebung anrückenden Einheiten und den IS-Kämpfern, die in Mossul bereits seit Jahren im Untergrund operierten, und begannen dreitägige Straßenkämpfe.

Nominell waren die in der Stadt stationierten Militär- und Polizeieinheiten etwa 25 000 Mann stark, effektiv standen aber nur rund 10 000 zur Verfügung, und diese wurden von der schnellen Offensive überrascht, waren unzureichend ausgerüstet, durch monatelange Terrorattacken demoralisiert und schlecht geführt. Die beiden höchstrangigen Armeeoffiziere vor Ort – enge Vertraute des Ministerpräsidenten Maliki, die ihre Stellungen ihren Kontakten und weniger ihren militärischen Fähigkeiten verdankten – flohen am 9. Juni aus der Stadt und vermittelten ihren Truppen dadurch den Eindruck, dass der Kampf verloren war. Deren Widerstand brach daraufhin zusammen, und sie zogen überstürzt Richtung Süden ab.[1] Viele Soldaten und Polizisten in der Stadt waren vollkommen orientierungslos, entledigten sich ihrer Uniformen und versuchten zu fliehen. Diejenigen, die in die Hände des IS fielen, wurden teils brutal abgeschlachtet. Inmitten des Chaos flüchteten Zehntausende Zivilisten aus der Stadt und versuchten sich im benachbarten Irakisch-Kurdistan in Sicherheit zu bringen.

Die Organisation erbeutete große Mengen an Waffen, Munition und Fahrzeugen, vieles davon aus Beständen, die die US-Truppen zurückgelassen hatten. Schon kurze Zeit später tauchten die ersten Humvees beim IS in Syrien auf.[2] IS-Kämpfer nahmen mehrere Gefängnisse und Polizeistationen ein und befreiten die sunnitischen Gefangenen, von denen sich viele der Organisation anschlossen. Mindestens 670 schiitische Insassen hingegen wurden an einen Ort außerhalb der Stadt transportiert und dort erschossen. Regierungsgebäude und Banken wurden geplündert, und Nachrichten über eine Beute von 300 bis 400 Millionen Dollar machten die Runde.[3]

Der Angriff kam für die irakische Regierung, die USA und die Weltöffentlichkeit völlig unerwartet, doch der IS hatte ihn von langer Hand vorbereitet. Schon zu den Zeiten von Abu Musab az-Zarqawi hatten sich Kämpfer, die aus Falludscha fliehen mussten, Richtung Mossul zurückgezogen, und nach der Niederlage in Anbar 2007 war Mossul die wichtigste verbliebene Hochburg des ISI. Die US-Truppen hatten sich auf

Bagdad und seine Nachbarprovinzen konzentriert, und auch die übermächtigen schiitischen Milizen waren weit im irakischen Norden nicht präsent – denn dort leben nur wenige Schiiten. Überdies nutzte der ISI die Unzufriedenheit der sunnitischen Araber in Mossul, die mit rund sechzig Prozent die Mehrheit der Bewohner ausmachten. Sie wehrten sich gegen die Kurden, die in den Sicherheitsbehörden und der Kommunalverwaltung dominierten, obwohl sie in der Stadt nur eine Minderheit stellten, die mehrheitlich im Ostteil jenseits des Tigris lebt. Später richtete sich der Unmut der sunnitischen Araber gegen von der Zentralregierung entsandte schiitische Truppen, die als Besatzer angesehen wurden. Seit 2007/2008 hatte sich der ISI fest in der Stadt etabliert und erpresste in großem Stil Schutzgelder von Geschäftsleuten.

Seit dem amerikanischen Abzug 2011 hatte der ISI seinen Einfluss weiter ausgebaut und den Sturm auf Mossul mit einer jahrelangen Anschlagsserie auf Angehörige der Sicherheitskräfte vorbereitet. Für das Jahr zwischen Juli 2013 und Juni 2014 hatte er sogar eine Kampagne mit dem makabren Namen »Soldatenernte« (hisad al-adschnad) ausgerufen, bei der Hunderte, wenn nicht Tausende Polizisten und Soldaten getötet wurden.[4] Scharfschützen beschossen wachhabende Soldaten an Straßensperren und Stützpunkten, andere wurden außerhalb des Dienstes auf der Straße oder in ihren Wohnhäusern erschossen, Offiziere wurden Opfer von an ihrem Autoboden angebrachten Sprengsätzen. Zwar betrieb die Organisation die Kampagne im gesamten Irak, doch lag der Schwerpunkt auf der Provinz Nainawa (Ninive) und ihrer Hauptstadt Mossul.

In den Monaten vor der Offensive hatte der ein besonders aufsehenerregendes Video verbreitet, in dem grausame Mordtaten an Polizisten und Soldaten in Mossul und Umgebung gezeigt wurden.[5] Zusätzlich sprach er in den Wochen vor dem Sturm auf Mossul über die sozialen Medien Warnungen aus: Wer sich ihr in den Weg stelle, der werde getötet, wer sich aber stelle und bereue, der könne auf Gnade hoffen. Mit dem Beginn der Offensive verschärfte der IS seine Gangart gegenüber den Sicherheitskräften. Insbesondere schiitische Soldaten, die sich ergeben hatten, wurden zu Hunderten und vielleicht sogar Tausenden hingerichtet. Ihre Leichen wurden entweder in Massengräbern verscharrt oder in den Tigris geworfen. Die Bilder der Massaker wurden wiederum in professionell gestalteten Videos verarbeitet und gingen um die Welt.

Trotzdem wäre der schnelle Vormarsch wahrscheinlich nicht möglich gewesen, wenn der IS nicht mit anderen Gruppierungen zusammengearbeitet hätte, die immer noch die Fahne des Widerstands gegen Bagdad hochhielten. Eine von ihnen waren die Ansar al-Islam, die schon Zarqawi 2002 in ihren Bergverstecken beherbergt hatten und sich als eher kleine Organisation bis 2014 hatten halten können. Weit wichtiger waren die Baathisten der »Armee der Männer des Naqshbandiya-Sufiordens« (Dschaish Ridschal at-Tariqa an-Naqshbandiya). Unter der Führung Izzat Ibrahim ad-Duris verbündeten sie sich im Kampf gegen die irakische Regierung mit dem IS. Die arabischen Nationalisten dürften sich bewusst gewesen sein, wie gefährlich das Bündnis mit den Dschihadisten war, die nicht dafür bekannt waren, partnerschaftlich mit Alliierten umzugehen. Umso deutlicher zeigte diese Allianz, wie groß der Hass auf die Zentralregierung in den Sunnitengebieten 2014 war.

Die antisunnitische Politik Nuri al-Malikis

Die Ursachen für die Unzufriedenheit unter den Sunniten des Irak lagen in den ersten Jahren der amerikanischen Besatzungszeit, und trotz aller späteren Bemühungen konnten die USA viele Fehler nicht mehr berichtigen. Schon seit der Gründung der Erweckungsräte (sahawat) genannten Milizen 2007/2008 deutete sich an, dass die Regierung in Bagdad große Vorbehalte hatte. Sie fürchtete, dass von den Erweckungsräten nach einem amerikanischen Rückzug eine Gefahr für die Zentralregierung oder zumindest für deren Kontrolle über die sunnitischen Gebiete ausgehen könnte. Deshalb versuchte sie mit allen Mitteln zu verhindern, dass die ehemaligen Aufständischen in die Sicherheitskräfte integriert wurden, und Mitte 2014 hatten von den rund 100 000 Mann nur etwa die Hälfte Posten im öffentlichen Dienst.[6] Davon wiederum dienten die meisten nur als Hilfstruppen für die Polizei, wurden teils über Monate nicht bezahlt, und vielen waren sogar ihre Waffen weggenommen worden. Damit entstand erneut ein Rekrutierungspool von mehreren zehntausend Mann, der vom IS und seinen Verbündeten genutzt werden konnte.

Die Lage verschlimmerte sich jedoch vor allem aufgrund der immer offener antisunnitischen Politik des Ministerpräsidenten Nuri al-Maliki, der den nachlassenden Einfluss der USA ab 2009 dazu nutzte, seine eigene Position zu stärken. Diese Politik führte dazu, dass zahlreiche Sunniten im Westen und Nordwesten des Landes jede Gruppierung unterstützt hätten, die die verhasste Regierung in Bagdad bekämpfte. Kurz vor und sofort nach dem Abzug der letzten Amerikaner Ende 2011 setzte Maliki eine regelrechte Verfolgungswelle in Gang. Zunächst traf es Hunderte ehemalige Angehörige der Baath-Partei und zahlreiche Gefolgsleute des säkularistischen Politikers Iyad Allawi, der das wichtigste Oppositionsbündnis, die »Irakische Liste«, anführte. Nur einen Tag nach dem amerikanischen Abzug geriet der erste prominente sunnitische Politiker ins Visier: Die irakische Justiz beschuldigte Vizepräsident Tariq al-Hashemi, einer von ihm kontrollierten Todesschwadron befohlen zu haben, innenpolitische Gegner zu ermorden. Kurz vor der Erhebung der Anklage gelang Hashemi im Dezember 2011 die Flucht nach Irakisch-Kurdistan und von dort in die Türkei.[7] Er wurde später in Abwesenheit zum Tode verurteilt. Als Nächstes traf es den nicht ganz so prominenten, aber sehr populären Finanzminister Rafi al-Isawi. Im Dezember 2012 wurden – wie im Fall Hashemis – seine Leibwächter wegen Terrorismusverdachts festgenommen, und im März 2013 wurde schließlich ein Haftbefehl gegen ihn selbst ausgestellt. Isawi konnte sich jedoch dem Zugriff der Sicherheitskräfte entziehen, indem er rechtzeitig untertauchte.[8] Der dritte Fall war der des Parlamentariers Ahmad al-Alwani aus Ramadi. Als Sicherheitskräfte ihn im Dezember 2013 in seinem Haus in Ramadi verhafteten, kam es zu einem Feuergefecht, bei dem sein Bruder, fünf Leibwächter und ein Soldat ums Leben kamen.[9]

Die Verhaftung Alwanis war der Tropfen, der in den Sunnitengebieten das Fass zum Überlaufen brachte. Alwani war prominenter Führer einer Protestbewegung, die seit 2011 angewachsen war. Schon im Februar 2011 hatten sporadische Demonstrationen eingesetzt, die auf das Vorbild des Arabischen Frühlings in Nordafrika zurückgingen. Die Demonstranten – unter denen zu Beginn auch viele Schiiten waren – prangerten zunächst vor allem die grassierende Korruption und die schlechte Versorgung mit Wasser und Elektrizität an. Die Ereignisse in Syrien ermutigten dann vor allem die irakischen

Sunniten, auch auf eine Veränderung des politischen Status quo zu drängen. Sie richteten Protestcamps wie auf dem Tahrir-Platz in Ägypten ein und demonstrierten gegen die weiterhin wirksamen Maßnahmen gegen ehemalige Angehörige der Baath-Partei, die sich vorwiegend gegen Sunniten richteten und diesen die Anstellung im Staatsdienst verwehrten. Überdies forderten sie die Freilassung Tausender sunnitischer Gefangener, die willkürlich verhaftet worden waren und ohne Verfahren in irakischen Gefängnissen einsaßen. Der Versuch des zunehmend autoritär regierenden Ministerpräsidenten Maliki, führende sunnitische Politiker aus ihren Positionen zu entfernen, verstärkte die latente Unzufriedenheit und sorgte dafür, dass die Proteste sich in den sunnitisch besiedelten Provinzen seit Dezember 2012 verstetigten. Die misslungene Verhaftung von Finanzminister Isawi im März 2013 und die parallele brutale Räumung von Protestcamps in Ramadi wurden zum Wendepunkt. Im April wurden fast fünfzig Menschen getötet, als die Armee in Hawidscha ein Protestcamp gewaltsam auflöste.

Das in der Provinz Kirkuk gelegene Hawidscha ist eine alte Hochburg der sunnitischen Rebellen, in der 2014 vor allem die Naqshbandiya-Armee stark war. Kurz vor der Konfrontation hatte eine kleine Einheit der Rebellen eine Straßensperre der irakischen Armee überfallen und einen Soldaten getötet sowie drei weitere verletzt. Anschließend flüchteten sich die Täter in das Protestcamp in der Hoffnung, sich so dem Zugriff der Sicherheitskräfte zu entziehen. Als die Demonstranten die Kämpfer auch nach tagelangen Verhandlungen nicht auslieferten, gingen die Regierungstruppen gewaltsam vor. Während die Regierung Maliki »Terroristen« verantwortlich machte, sahen viele Sunniten das »Massaker« von Hawidscha als erneuten Beweis für die Feindseligkeit des Staates. In den folgenden Wochen demonstrierten Zehntausende gegen die Regierung, während bewaffnete Gruppen ihre Angriffe auf Armee und Polizei verstärkten.[10] Damit und mit den Erfolgen in Syrien war der Boden für das ganz große Comeback des ISI beziehungsweise des IS 2013 bis 2014 bereitet.

Die »Mauern einreißen«-Kampagne

Als Abu Bakr al-Baghdadi die Organisation 2010 übernahm, war nicht abzusehen, wie schnell sie unter seiner Führung erstarken würde. Damals hatte der ISI alle Versuche, Territorium zu kontrollieren, aufgegeben und konzentrierte sich auf vereinzelte terroristische Anschläge, die darauf abzielten, den irakischen Staat zu destabilisieren. Trotz der Schwäche des ISI blieb das Gewaltniveau im Irak sehr hoch, höher als beispielsweise in Afghanistan, das damals jedoch sehr viel mehr im Blickpunkt der Öffentlichkeit stand. In den Jahren 2010 bis 2011 starben pro Monat immer noch 300 bis 400 Iraker infolge von Attentaten und sonstigen politischen Gewalttaten. Nur im Vergleich mit der ersten Jahreshälfte 2007, als die Opferzahl bei geradezu apokalyptischen 2500 bis 3000 lag, konnte dies als Fortschritt gelten.[11] Dieses relativ niedrige Niveau konnte aber nur aufgrund der Präsenz der US-Truppen gehalten werden. Nach dem amerikanischen Abzug zeigte sich schnell, dass die irakischen Sicherheitskräfte ohne deren Hilfe vollkommen überfordert waren, und die Zahl der Terroropfer nahm schnell zu. Ab Juli 2013 lag sie konstant bei mehr als tausend Toten pro Monat.

Ähnlich wie Zarqawi Anfang März 2004, als er die Anschlagswelle gegen die Schiiten ankündigte, rief Abu Bakr al-

Baghdadi am 21. Juli 2012 die Kampagne »Mauern einrei-ßen« (hadm al-aswar) aus. Kurz darauf begann der ISI einen massiven terroristischen Feldzug, der bis Juli 2013 andauerte und aus Hunderten Anschlägen mit Autobomben und acht teils spektakulären Angriffen auf irakische Gefängnisse bestand, von denen zwei erfolgreich waren und Hunderten Gefangenen die Flucht ermöglichten. Auch die Angriffe auf die irakischen Sicherheitskräfte häuften sich.[12] Höchst beängstigend war, dass der ISI die Strategie für die nächsten Monate festlegen und entsprechend seinem Plan handeln konnte, scheinbar un-beeindruckt von allen Gegenmaßnahmen der irakischen Si-cherheitskräfte. Besonderes Aufsehen erregten zwei Dutzend große Wellen von jeweils sechs und mehr Autobombenan-schlägen, die jeweils zeitgleich im gesamten Land stattfanden. Ab Februar 2013 konzentrierten sich die Aktionen auf Bag-dad, wo der ISI nach dem Muster von 2006 und 2007 immer wieder schiitische Ziele angriff, um Gegenreaktionen zu pro-vozieren. Wie schon zu Zeiten Zarqawis ging es der Organisa-tion darum, einen Bürgerkrieg zu entfesseln, um die Führung über den sunnitischen Bevölkerungsteil übernehmen zu kön-nen. Dass die Zahl der Anschläge im Frühjahr 2013 noch ein-mal rapide nach oben schnellte, dürfte darauf zurückgehen, dass die irakische Regierung infolge der Ereignisse von Ha-widscha immer mehr die Kontrolle über die sunnitischen Ge-biete verlor. Überdies wirkten sich der syrische Bürgerkrieg und die Ausrufung des ISIS aus: Die Organisation konnte wie-der vermehrt auf ausländische Kämpfer zurückgreifen, die zu-nächst nach Syrien reisten, sich dort ISIS anschlossen und als Selbstmordattentäter zur Verfügung stellten. So nahm auch die Zahl der Selbstmordanschläge im Irak ab Frühjahr 2013 deut-lich zu.[13]

Kaum überschätzt werden kann die Bedeutung der Gefängnisausbrüche zwischen Juli 2012 und Juli 2013 für die weitere Entwicklung des ISI/ISIS. Schon der Angriff auf das Gefängnis von Tikrit am 27. September 2012 stärkte die Organisation enorm, obwohl nur rund hundert Gefangene freikamen. Unter ihnen waren jedoch 47 Personen, die wegen Zugehörigkeit zum ISI oder ähnlichen Delikten zum Tode verurteilt worden waren und jetzt keine andere Wahl hatten, als mit dem ISI in den Untergrund zu gehen.[14] Der mit Abstand größte Gefängnisausbruch fand jedoch am 21. Juli 2013 in der schon zu Saddam Husseins Zeiten berüchtigten Haftanstalt von Abu Ghraib westlich von Bagdad statt. Selbstmordattentäter sprengten eine Bresche in die Mauern, Kämpfer stürmten das Gefängnis und befreiten mehr als 500 Gefangene, unter ihnen zahlreiche Dschihadisten, die bereits seit 2006/2007 inhaftiert waren.[15] Dies war ein wichtiger symbolischer Erfolg, weil Abu Ghraib – fast so wie das Gefangenenlager in Guantanamo Bay auf Kuba – für die Verbrechen der USA im »Krieg gegen den Terror« steht. Überdies gewann der ISIS dadurch mehrere hundert teils sehr erfahrene und hochmotivierte Kämpfer, die die Organisation enorm verstärkten.

Wie stark der ISIS damals schon war, zeigte sich nach der Verhaftung Ahmad al-Alwanis. Zunächst eskalierten die Proteste der Sunniten in der Provinz Anbar, worauf sich die Armee aus der Hauptstadt Ramadi und aus Falludscha zurückzog. Prompt rückten ISIS-Einheiten in die Städte ein und übernahmen die Kontrolle über einige Viertel in Ramadi und die gesamte Stadt Falludscha. Als die irakische Regierung begriff, was geschehen war, war es schon zu spät. Ihr blieb nicht viel mehr, als die nun unter der Kontrolle von Aufständischen stehenden Städte mit Artillerie zu beschießen und aus der Luft zu bombardieren – mit dem Ergebnis, dass noch mehr Bewohner flüchten mussten und der Hass auf die Regierung in Bagdad unter den Sunniten Anbars weiter anwuchs. Der ISIS kontrollierte nun zum ersten Mal seit den ersten Jahren nach der amerikanischen Invasion Territorium im Irak, und seine Gegner schienen vollkommen hilflos. Als dann die ISIS-Einheiten ab Januar 2014 in Syrien Richtung Osten abgedrängt wurden, wurde das vielfach als Zeichen der Schwäche gedeutet. Doch damit standen Hunderte, vielleicht Tausende Kämpfer aus Syrien für die große Offensive gegen Mossul und andere Städte im Sommer 2014 zur Verfügung.

Der ISI/IS 2011 bis 2014

In den Jahren 2011 bis 2014 wandelte sich der spätere IS von einer kleinen terroristischen Organisation zu einer schnell wachsenden Guerillatruppe mit Merkmalen einer konventionellen Armee, die 2014 große Territorien im Irak und in Syrien beherrschte. Er glich immer weniger der al-Qaida als vielmehr den Taliban, die zwischen 1996 und 2001 weite Teile Afghanistans kontrolliert und einen eigenen Staat ausgerufen hatten. Diese rasche Entwicklung wurde wahrscheinlich durch die Führungsqualitäten Baghdadis, vor allem aber die militärischen Fähigkeiten seiner Unterführer möglich, die rasch eine »terroristische Armee« aufbauten, die »gut ausgerüstet, gut ausgebildet und gut geführt« wurde und sich darüber hinaus terroristischer Methoden bediente, mit denen sie ihre Gegner einschüchterte.[16] Die einzigartige Verbindung von jahrelanger terroristischer Erfahrung und hoher militärischer Kompetenz machte den IS nun stärker denn je und zu einem furchteinflößenden Gegner.

Bis 2013 hielt sich Baghdadi an unbekanntem Ort im Westen und Nordwesten des Irak auf. Neueren Berichten zufolge soll er sein Hauptquartier in Raqqa aufgeschlagen haben, zuweilen aber auch in Mossul zu finden sein. Wirklich gesichert ist nur, dass er am 4. Juli 2014 in der Großen Moschee des Nur ad-Din Zangi – eines berühmten türkischen Herrschers über Syrien im zwölften Jahrhundert – in Mossul zum ersten Mal öffentlich auftrat. Das war schon allein deshalb aufsehenerregend, weil er bis dahin penibel auf seine Sicherheit geachtet hatte; er ließ sich nie fotografieren oder filmen, sodass lange Zeit nur ein einziges Bild von ihm im Umlauf war, das in amerikanischer Haft gemacht worden war. Selbst die Form der Kommunikation zwischen ihm und seinen Gefolgsleuten ist unbekannt. Über Jahre hatte sich der ISI vor allem auf Kuriere verlassen, die immer noch für die Übermittlung von Befehlen wichtig sein dürften. Amerikanische Quellen berichteten aber auch über ein internes Kommunikationsnetz, über das Baghdadi und seine Unterführer kommunizieren und das regelmäßig zu einem vorab festgelegten Zeitpunkt aktiviert wird.[17]

Die Anführer hinter Baghdadi sind ehemalige Angehörige der Armee und der Sicherheitskräfte des Baath-Regimes. Dies war insofern nicht neu, als sich bereits seit 2003 zahlreiche ehemalige Soldaten, Polizisten und Geheimdienstler der Zarqawi-Organisation und ihren Nachfolgern angeschlossen hatten. Von der Außenwelt damals weitgehend unbeachtet, hatte unter irakischen Sunniten bereits in den 1980er und 1990er Jahren eine Islamisierungswelle eingesetzt, die dazu führte, dass viele von ihnen sich ab 2003 islamistischen, salafistischen und dschihadistischen Organisationen anschlossen. Spektakulär neu war nach 2011 aber, dass zahlreiche ehemals höherrangige Offiziere Saddam Husseins – vom Oberstleutnant bis hin zum Generalmajor – in der Führungsriege des ISI auftauchten. Mehrere sollen in Camp Bucca mit Baghdadi eingesessen haben, wo er enge Kontakte zu ihnen aufbaute.[18] Einige von ihnen dürften bei den großen Angriffen auf die Gefängnisse von Tikrit und Abu Ghraib befreit worden sein. Dass sie sich Baghdadi anschlossen, war ein wichtiger Grund für das erstaunliche Erstarken der Organisation. Baghdadi erkannte die Qualitäten seiner Kommandeure und gab ihnen weitreichende Vollmachten, ihre Aufgaben eigenverantwortlich zu erfüllen.[19] Dieser in den durchweg autoritären terroristischen und militärischen Formationen des Nahen Ostens ungewöhnliche Führungsstil dürfte ein weiterer Grund dafür gewesen sein, dass der Übergang von der Terrorgruppe zur terroristischen Armee ohne sichtbare Probleme und rasend schnell vonstattenging.

Baghdadi blieb aber der unangefochtene Führer und lenkte die Organisation strikt autoritär und wenn nötig mit brutaler Gewalt. Einige Monate nach seinem Amtsantritt im Frühjahr/Sommer 2010 gab es sogar Berichte über Säuberungsaktionen, denen mehrere interne Gegner und Rivalen wie der ISI-Emir in Mossul zum Opfer fielen.[20]

Die wichtigsten Persönlichkeiten nach Baghdadi sind seine Kommandeure für den Irak und Syrien, die Teil des innersten Zirkels der Macht um Baghdadi sind, dem die drei oder vier mächtigsten Anführer der Organisation angehören. Bis 2014 war dies für den Irak Abd ar-Rahman al-Bilawi (ursprünglich Adnan Ismail Nadschm), ein ehemaliger Hauptmann, der schon kurz nach der Invasion 2003 bei Zarqawi anheuerte und unter Baghdadi auch als Chef des Militärrates fungierte. Bilawi wurde im Juni 2014 in Anbar während einer Aktion des irakischen Militärs getötet. Sein Pendant in Syrien war Hadschi Bakr (ursprünglich Samir al-Khulaifawi), ein ehemaliger Oberst, der im Januar 2014 bei Gefechten zwischen dem ISIS und konkurrierenden Aufständischen in Aleppo getötet wurde. Er galt als sehr einflussreich, und es kursieren Gerüchte, er habe schon bei der Ernennung Baghdadis zum Chef des ISI 2010 eine wichtige Rolle gespielt.[21]

Nach dem Tod dieser beiden übernahmen zwei weitere ehemalige Baath-Offiziere ihre Positionen. Der Kommandeur für den Irak – und wahrscheinlich die neue Nummer zwei im IS – wurde mit Abu Muslim at-Turkmani (ursprünglich Fadil al-Hayali) ein ehemaliger Oberstleutnant. Als neuer Statthalter Baghdadis in Syrien folgte Abu Ali al-Anbari, der einigen Quellen zufolge während der Baath-Zeit Generalmajor, nach anderen Quellen aber ein Parteifunktionär gewesen war.[22] Ein weiterer Top-Anführer war bis November 2014 der ehemalige Oberstleutnant Abu Muhannad as-Suwaidawi (ursprünglich Adnan as-Suwaidawi), der auch als Abu Aiman al-Iraqi bekannt war und als Chef des IS-Militärrates und Gouverneur von Anbar genannt wurde und einige Zeit als IS-Führer in Westsyrien fungierte – wo er in den Ruf gelangte, selbst für IS-Verhältnisse besonders gewalttätig zu sein. Suwaidawi scheint das erste prominente Opfer der amerikanischen Luftangriffe gegen den IS gewesen zu sein, die im Irak im August 2014 einsetzten.[23] Ebenfalls als Chef des Militärrates wird häufig ein Abu Ahmad al-Alwani (urspünglich Walid al-Alwani) genannt, der vor 2003 ebenfalls in der irakischen Armee gedient haben soll.[24] Besonders auffällig ist die Dominanz der Iraker, die alle zentralen Führungspositionen des IS besetzen. Der einzige Syrer in der Spitze der Organisation ist ihr Sprecher Abu Muhammad al-Adnani (ursprünglich Taha Subhi Falaha). Er ist aufgrund seiner Funktion zwar weithin sichtbar, doch ist zweifelhaft, ob er an die Bedeutung des militärischen Führungspersonals heranreicht.

Das formal höchste Entscheidungsorgan des IS ist der Shura- oder Konsultationsrat (Madschlis ash-Shura), in dem die bis zu einem Dutzend Granden der Organisation vertreten sind und der über die Nachfolge des Emir-Kalifen und andere besonders wichtige Fragen zu entscheiden hat. Ihm gehören die genannten Anführer, die Verantwortlichen für die großen Arbeitsbereiche der Organisation und besonders prominente Provinzgouverneure an. Es ist jedoch vollkommen unklar, ob und wie der Shura-Rat tatsächlich zusammentritt. Unterhalb der Shura-Rats-Ebene gibt es mindestens sechs Komitees, die sich mit Religionsangelegenheiten, Militär, Sicherheit und Nachrichtengewinnung, Finanzen, der Aufsicht über die Provinzverwaltung und Medienarbeit befassen. Für die einzelnen Provinzen des »Islamischen Staates« ernennt Baghdadi Gouverneure, die im jeweiligen Gebiet seine wichtigsten Repräsentanten sind.

Schätzungen der Zahl der IS-Kämpfer variieren zwischen einigen tausend und mehreren zehntausend. Deutlich ist aber, dass ihre Zahl seit dem Amtsantritt Baghdadis, als vielleicht nur noch knapp tausend Mann zu der Organisation gehörten, enorm angewachsen ist. Der amerikanische Geheimdienst CIA schätzte die Zahl der IS-Kämpfer im Irak und Syrien im Sommer 2014 auf 20 000 bis 31 000, deren weit überwiegende Mehrheit aus Irakern und Syrern bestand.[25] Es ist allerdings schwierig, zwischen dem harten Kern des IS und seinen zahlreichen Verbündeten zu unterscheiden. Vielfach scheint es so, als würden einige tausend Kämpfer sehr schnell ihre Aufenthaltsorte wechseln und sich immer dorthin begeben, wo sie gebraucht werden, während Verbündete – wie die Ansar al-Islam, die Naqshbandiya-Armee, kleinere aufständische Gruppen und Stammesverbände – eher Aufgaben an ihren Ursprungsorten übernehmen.

Das Bündnis des IS mit den Baathisten Izzat Ibrahim ad-Duris war eine der wichtigsten Ursachen für die Erfolge der Organisation im Irak 2013 und 2014. Die »Armee der Männer des Naqshbandiya-Sufiordens« hatte sich kurz nach der Hinrichtung Saddam Husseins im Dezember 2006 gebildet. Ihr Ziel war und ist, die Herrschaft der Sunniten im Irak wiederherzustellen und den Einfluss Irans auf die Politik in Bagdad zurückzudrängen. Angeführt werden die Kämpfer der Naqshbandiya-Armee in erster Linie von ehemaligen Angehörigen der Republikanischen Garde und des Militärgeheimdienstes. Da sie sehr professionell agierte, war die Organisation eine der wenigen, die die amerikanische Truppenaufstockung von 2007 unbeschadet überstand; Schätzungen ihrer Stärke lagen 2011 zwischen 1500 und 5000 Mann.[26] Ihr Anführer Izzat Ibrahim ad-Duri hatte schon unter dem alten Regime versucht, der Herrschaft der Baath-Partei einen stärkeren religiösen Anstrich zu geben. Dies erleichterte der Naqshbandiya-Armee die Zusammenarbeit mit Gruppen wie dem IS. Da auf dschihadistischer Seite ebenfalls zahlreiche ehemalige Offiziere des Baath-Regimes vertreten waren, stand einem Bündnis nichts im Wege. Es zeigte sich, dass der IS von den Fehlern seiner Vorgängerorganisationen lernte und Zweckbündnisse einging, um gemeinsame Ziele zu erreichen. Während der großen Offensive im Sommer 2014 wirkte sich vor allem aus, dass Duris Leute in und um Mossul, in der Umgebung von Kirkuk und Tikrit stark waren.[27]

Während der IS in erster Linie von Irakern und in zweiter von Syrern getragen wird, ist die wichtigste Funktion der zahlreichen ausländischen Kämpfer, die sich ihm angeschlossen haben, die als Selbstmordattentäter. Dies war eine direkte Folge des Syrienkrieges, denn nach 2007 war die Zahl der in den Irak reisenden Ausländer stark abgesunken. Ab 2012 strömten sie in immer größerer Zahl nach Syrien, um ihren bedrängten Glaubensbrüdern dort zu Hilfe zu kommen, und seit der Ausrufung von ISIS im Frühjahr 2013 reisten sie auch ins Nachbarland, was sich sofort in einer Zunahme der Selbstmordattentate im Irak niederschlug – ab 2014 auch durch mehrere Deutsche. Das Selbstmordattentat ist eine wichtige Waffe des IS und wird – in seinen Varianten mit großen Autobomben und kleineren, von einer Person getragenen Sprengstoffgürteln – genutzt, um den Weg für anrückende motorisierte oder nicht-motorisierte Infanterie freizusprengen. Die Bedeutung der Anschläge zeigte sich während der großen Offensive im Sommer 2014, als die zahlreichen Selbstmordattentate unter den Verteidigern der angegriffenen Städte Furcht und Schrecken verbreiteten und zu ihrer Demoralisierung beitrugen.

6
Der »Staat« des Kalifen von Mossul

Kurz nach der Eroberung von Mossul zeigte der IS symbolträchtige Bilder. In einem Video mit dem Titel »Das Einreißen der Grenzen« wurde ein mehrere Meter hoher Erdwall durchbrochen, der bis dahin die syrisch-irakische Grenze markiert und gesichert hatte. Kämpfer des IS plünderten ein irakisches Militärlager in der Nähe und schafften Humvees, Lastwagen und anderes militärisches Gerät unter dem Jubel ihrer Mitstreiter durch die Bresche auf die syrische Seite. Die Bilder des Videos, das zu einem der bekanntesten überhaupt des IS wurde, waren mit einer Dschihadistenhymne unterlegt, und es hieß darin, dass die Grenzen, die die »Enkel der Affen« gezogen hätten, nun eingerissen seien. Ein Sprecher wird dann deutlicher und spricht von der »Sykes-Picot«-Grenze, die nun beseitigt sei, was die Teilung der Muslime in Nationalstaaten beende.[1]

Der Brite Mark Sykes und der Franzose François Georges-Picot hatten während des Ersten Weltkriegs das nach ihnen bekannte geheime Abkommen vom Mai 1916 ausgehandelt, in dem eine Aufteilung der arabischen Provinzen des Osmanischen Reichs zwischen Großbritannien und Frankreich vereinbart wurde. Laut diesem Abkommen sollte die osmanische Provinz Mossul dem von Frankreich kontrollierten Syrien zugeschlagen werden. In Verhandlungen nach dem Krieg wurde Mossul dann aber dem britischen Irak zugeteilt und damit die Grenze festgelegt, die der IS an diesem Tag im Juni 2014 einreißen ließ. Diese Linie hatte tatsächlich über Jahrzehnte einen zusammenhängenden Kulturraum zerschnitten und die Kontakte zwischen den Bewohnern des Nordirak und Nordsyriens enorm erschwert, die sich sprachlich, kulturell und tribal bis heute sehr nahe stehen. Viele Araber ganz unterschiedlicher politischer Ausrichtung sehen die nach dem Ersten Weltkrieg gezogenen Grenzen insgesamt als künstlich an, sodass die vom IS verkündete Abschaffung der irakisch-syrischen Trennlinie nicht nur unter den Sunniten der Region auf viel Zustimmung stieß.

In der IS-Propaganda spielt der Kampf gegen die Sykes-Picot-Ordnung deshalb eine sehr wichtige Rolle. Immer wieder verkünden IS-Propagandisten selbstbewusst, dass die irakisch-syrische nur die erste von vielen Grenzen gewesen sei, die demnächst fallen würden, und dass auch die des Libanon und Jordaniens folgen und die Kämpfer des IS eines Tages in Jerusalem beten würden. Die Kontrolle des IS über die Grenze zwischen dem Irak und Syrien hatte eine weitere Folge: Nach Ansicht des IS hatte nämlich das Sykes-Picot-Abkommen direkt zum Sturz des »Kalifen« in Istanbul 1924 geführt, und deshalb verlangte das Ende der Sykes-Picot-Grenzen nach der Wiedereinführung des Kalifats, wie es Abu Bakr al-Baghdadi kurz nach der Veröffentlichung des Videos denn auch ausrief.

Als die Organisation nun erstmals über ein großes Territorium in zwei benachbarten Ländern herrschte, stand sie vor der selbst gestellten Aufgabe, einen entstehenden Staat aufzubauen und zu verwalten. Sie machte sofort klar, dass sie diese Aufgabe meistern wollte, und begann, nach geeignetem Personal zu suchen. Es ist nicht auszuschließen, dass sie auch hier Erfolge wird aufweisen können, denn unter den Sunniten des Irak gibt es viele, die vor 2003 in der Verwaltung des Staates Erfahrungen gesammelt haben. Und was die totalitäre Kontrolle der Bevölkerung angeht, ähnelt die Diktatur Saddam Husseins durchaus den Ordnungsvorstellungen Baghdadis und seiner Gefolgsleute. Schon heute sichert weniger die Zufriedenheit mit den Leistungen des neuen »Staates« als vor allem die Furcht der Bevölkerung vor der Brutalität und der Bigotterie des IS dessen Herrschaft. Tatsächlich ist also sehr viel wahrscheinlicher, dass der Aufbau eines funktionierenden Staates den IS überfordern wird.

Das Herrschaftsgebiet und seine Grenzen

Der IS herrschte Anfang des Jahres 2015 über ein Gebiet, in dem rund sechs bis acht Millionen Iraker und Syrer leben. Bei den eroberten Gebieten und Städten handelte es sich ausschließlich um solche mit mehrheitlich sunnitischer Bevölkerung; die Machtübernahme wurde möglich, weil ihre Bewohner die Regierungen in Bagdad und Damaskus mehr hassten als den IS. Nach der großen Offensive hatte der IS seine Expansion vor allem in den an die sunnitischen Territorien grenzenden ethnischen und religiös-konfessionellen Mischgebieten – in denen neben sunnitischen Arabern zahlreiche Turkmenen, Kurden, Schiiten, Christen verschiedener Denomination und Herkunft, Jesiden und Angehörige noch kleinerer Religionsgemeinschaften leben – sowie in den von Kurden besiedelten Gegenden fortzusetzen versucht. Insbesondere bei Letzteren stieß er auf Widerstand.

Im Irak grenzte der Einflussbereich des IS ab Sommer 2014 auf einer mehrere hundert Kilometer langen Linie an den Irakisch-Kurdistans – von Diyala im Südosten bis zu den Sindschar-Bergen nahe der syrischen Grenze im Nordwesten. Die irakischen Kurden unter der Führung Präsident Masud Barzanis von der Demokratischen Partei Kurdistans (KDP) beherrschten dieses Gebiet bereits seit 1991, hatten ihre Kontrolle nach 2003 gefestigt und sich weitgehende Unabhängigkeit von Bagdad gesichert. Während der Offensive des IS hatten sie außerdem die vollständige Kontrolle über die umstrittene Stadt Kirkuk übernommen und sie so vor dem Zugriff der Dschihadisten geschützt. Alles in allem erwiesen sich die irakisch-kurdischen Truppen – die Peschmerga – aber als zu schwach gegenüber den mit schweren Waffen ausgerüsteten IS-Einheiten. Sie verloren die Kontrolle über den strategisch wichtigen Staudamm im Norden von Mossul, und im Osten der Stadt marschierte der IS Richtung Erbil, der Hauptstadt der Kurdenregion. Erst die amerikanischen Luftangriffe ab August hielten den Vormarsch der Dschihadisten auf.

Auch in Syrien hat der Quasi-Staat des IS eine mehrere hundert Kilometer lange gemeinsame Grenze mit kurdisch besiedelten Gebieten. Dort herrscht jedoch die Partei der Demokratischen Union (PYD), der syrische Ableger der türkischen PKK. Im Juli 2012 hatte sich das syrische Regime teilweise aus den kurdischen Gebieten zurückgezogen, war jedoch an strategisch besonders wichtigen Orten wie dem Flugplatz von Qamishli und dem dortigen Grenzübergang zur Türkei mit Truppen präsent geblieben. Die PYD bekämpfte diese nicht, sondern bemühte sich, eine autonome Verwaltung aufzubauen und ihr Herrschaftsgebiet – in dem vor Beginn des Bürgerkriegs etwa 1,8 Millionen Menschen lebten – gegen Angriffe von außen zu sichern. Diese Aufgabe wurde durch die räumliche Zersplitterung der kurdisch besiedelten Gebiete erschwert. Die PYD kontrollierte anfangs ein Gebiet um die Stadt Afrin nordwestlich von Aleppo, das auch »Kurdengebirge« (Dschabal al-Akrad) genannt wird, und etwa 140 Kilometer Luftlinie weiter östlich die Region um die Stadt Kobani, arabisch Ain al-Arab. Noch weiter im Osten (200 Kilometer) findet sich das größte kurdische Siedlungsgebiet in Syrien mit seiner Hauptstadt Hasakeh und der Grenzstadt Qamishli.

Die Lage in den Kurdengebieten ist nicht nur deshalb prekär, weil syrische Truppen immer noch wichtige Einrichtungen kontrollieren, sondern auch, weil alle ihre Kantone von Feinden umgeben sind, die kein Interesse an einer Stabilisierung der Lage und der Herrschaft der PKK dort haben. Dies gilt vor allem für die Türkei, mit der die drei Kantone mehrere hundert Kilometer Grenze teilen, die aber offiziell geschlossen sind. Nur vereinzelt hat die Türkei in den letzten Jahren humanitäre Hilfslieferungen zugelassen. Auf syrischer Seite ist der Kanton Afrin von Aufständischen umgeben, die der PYD vorwerfen, mit dem Regime zusammenzuarbeiten, und es kommt immer wieder zu Kämpfen. Die syrischen Grenzen der Kantone Kobani und Hasakeh hingegen sind seit 2013 Kampfgebiet zwischen dem IS und den »Volksverteidigungskräften« (YPG) genannten Milizen der PYD. Die ersten Kämpfe zwischen den Dschihadisten und der PKK begannen schon im November 2012, als die Nusra-Front gemeinsam mit anderen aufständischen Gruppen versuchte, die Stadt Ras al-Ain einzunehmen, dabei aber zurückgeschlagen wurde. In den folgenden Jahren setzte die Organisation den Kampf gegen die Kurden fort, bis der IS sie im Juli 2014 aus ihren letzten Stützpunkten im Osten Syriens vertrieb.

Mitte September 2014 begann der IS eine groß angelegte Offensive gegen Kobani, in deren Verlauf er den gesamten Kanton mit Ausnahme der Stadt selbst überrannte. Die meisten der rund 250 000 Einwohner der Region flüchteten Richtung Hasakeh und Qamishli und in die Türkei. Als die IS-Truppen im September auch in der Stadt Kobani immer weiter vorrückten, begannen die US-Luftangriffe auf IS-Stellungen auch in Syrien. Ende 2014 hatten die kurdischen Einheiten, die von mit schweren Waffen ausgestatteten Peschmerga aus dem Irak unterstützt wurden, wieder vorrücken können, doch die Stadt blieb weiter heftig umkämpft. Ein Grund für diese Offensive ist der ausgeprägte Hass des IS auf die Kurden und besonders die PKK. Hier verbinden sich ideologische und politische Motive, denn der IS betrachtet die linksnationalistischen Kurden unter der Führung Abdullah Öcalans als gottlose Kommunisten, die den Tod verdienen. Die konservativeren irakischen Kurden Masud Barzanis hingegen sind ihnen in erster Linie als wichtige Verbündete der USA verhasst. Hinzu kommt, dass die Kurden im Irak und in Syrien Gebiete kontrollieren oder zumindest beanspruchen, die der IS als wichtigen Bestandteil seines »Staates« betrachtet. Die IS-Strategen scheinen Kobani als besonders schwaches Glied identifiziert zu haben, das ihnen als ein Sprungbrett für die Offensive gegen das syrisch-kurdische Kernland um Hasakeh und Qamishli dienen sollte, um die vollständige Kontrolle über den Osten und Nordosten Syriens übernehmen zu können.

Der Angriff auf Kobani folgte zudem einem weiteren für die IS-Strategie charakteristischen Muster. Die Organisation versucht, möglichst ressourcenreiche Gegenden einzunehmen.

Die Region um Kobani war bis 2014 eine bedeutende Korn-kammer, die sogar Weizen in die Türkei exportierte, und die Silos der Stadt sind wichtig für die Versorgung des syrischen Nordens. Überdies wird in den IS-kontrollierten Gebieten des Irak weitaus mehr Weizen konsumiert, als vor Ort produziert werden kann, sodass die Weizenanbaugebiete des syrischen Nordens überlebenswichtig werden dürften. Dies könnte erklä-ren, warum die IS-Führung so lange daran festhielt, das ge-samte Gebiet einschließlich der Stadt einzunehmen. Noch deutlicher erkennbar war die wirtschaftliche Dimension der IS-Strategie dort, wo es um die Energie- und Wasserversor-gung ging. In Ostsyrien konzentrierte sich die Organisation schon 2013 darauf, die dortigen Ölfelder einzunehmen – im Kampf teilweise gegen die Nusra-Front und teilweise gegen die kurdische PYD. Im Irak galt ein besonders entschlossener Angriff des IS im Sommer 2014 der größten Ölraffinerie des Nordens in der Stadt Baidschi. Ebenso bemüht sich die Orga-nisation um die Kontrolle der Staudämme im Irak und in Syri-en. Besonders wichtig ist ihr der Tigris-Staudamm von Mos-sul, denn wer ihn kontrolliert, kontrolliert die Strom- und Was-serversorgung der Stadt. Da auch die irakischen Kurden dies wissen, tobten 2014 immer wieder Kämpfe um den Damm, der mehrfach den Besitzer wechselte.[2]

Die monatelangen Kämpfe um Kobani und die gescheiterten Versuche des IS, auf das Territorium Irakisch-Kurdistans vor-zudringen, zeigten allzu deutlich, dass er nur dort stark ist, wo seine Gegner schwach sind – und dies ist der Fall in den von sunnitischen Arabern besiedelten Gebieten im Norden und Os-ten Syriens, im Westen und Nordwesten des Irak und in den angrenzenden ethnisch-konfessionellen Mischgebieten. In überwiegend kurdischen, schiitischen oder alawitischen Ge-

119

bieten stieß der IS hingegen auf hartnäckigen Widerstand, und seine Expansion geriet ins Stocken. Die große Stärke des IS war die hohe Mobilität seiner Truppen, die auf ihren Toyota-Pick-ups oft mehrere hundert Kilometer anreisten und noch nachts und im Morgengrauen zur Überraschung ihrer Gegner angriffen. Mit dem Beginn der Luftangriffe der USA und ihrer Verbündeten im August und September 2014 wurden die Konvois zu einfachen Zielen für die alliierten Kampfflugzeuge, und der IS büßte an Mobilität ein. Auch das Überraschungsmoment ging verloren, als die USA die Überwachung des IS-Gebiets aus der Luft verstärkten und die kurdischen Milizen sowie die irakischen Regierungstruppen vorsichtiger wurden. Zwar stellten sich die Dschihadisten auf die Maßnahmen der Gegner ein, indem sie sich in den Städten in Wohnvierteln einquartierten, in kleineren Gruppen anstatt in großen Konvois reisten und außerdem ihre Telekommunikation reduzierten, doch ihr erstaunlicher Vormarsch vom Sommer war schon im Herbst 2014 beendet.

Tugendterror im Innern

Die erste Reaktion in den vom IS eroberten Gegenden im Irak war oft Erleichterung, die Herrschaft der Zentralregierung abgeschüttelt zu haben, jedoch erinnerten sich viele Iraker an die nicht allzu weit zurückliegenden Gewalttaten der irakischen al-Qaida, weshalb Freudenfeste ausblieben. Als der IS begann, das öffentliche Leben nach seinen rigiden Vorstellungen zu gestalten, waren viele Bewohner schockiert. Durch brutale Gewalt gegen alle seine Gegner machte der IS deutlich, dass er keinen noch so schwachen Widerstand dulden würde. Es war dieses Schreckensregiment, das zunächst dafür sorgte, dass die Bevölkerung sich ruhig verhielt.

Die Ideologie des IS ist eine besonders militante Interpretation des Salafismus. Dessen Vertreter glauben, dass sie moderne Gesellschaften reformieren können, sogar müssen, indem sie die idealisierte Gesellschaft des Ur-Islam im Mekka und Medina des siebten Jahrhunderts zu neuem Leben erwecken. Sie orientieren sich an den Gefährten des Propheten Mohammed und deren Nachfahren, den »frommen Altvorderen« (assalaf as-salih, daher die Bezeichnung Salafismus), die nach ihrer Ansicht aufgrund der räumlichen und zeitlichen Nähe zur Offenbarung ein besonders gottgefälliges Leben führten. Ihre Informationen zum Frühislam entnehmen sie einem eng umgrenzten Korpus an Texten: erstens dem Koran und zweitens der Sunna, das heißt der Sammlung der Überlieferungen über Aussagen und Taten des Propheten Mohammed (die sogenannten hadithe). Auf dieser Grundlage, so ihre Überzeugung, sind sie in der Lage, Glaube und Lebensweise der frommen Altvorderen detailgenau rekonstruieren zu können, um sie anschließend im Hier und Jetzt nachzuahmen. Ihre wichtigste Forderung ist die nach einer vollständigen Durchsetzung ihrer Interpretation des islamischen Rechts, der Scharia. Gemeint sind damit aber nicht nur politische, rechtliche und justizielle Maßnahmen, sondern ein grundlegender Wandel des sozialen, kulturellen und ökonomischen Lebens nach dem Vorbild (beziehungsweise nach der salafistischen Sicht) der Gesellschaft zur Zeit des Propheten Mohammed.[3]

Überall dort, wo der IS die Macht übernimmt, setzt er seine salafistischen Verhaltensvorschriften und Kleiderregeln unnachgiebig durch. Am konsequentesten ist die IS-Führung in den Orten, in denen sie ihre Stellung bereits für gesichert hält, sodass ihr Vorgehen vor allem in der syrischen IS-Hauptstadt Raqqa gut zu beobachten ist. Religiöse und religionspolitische Maßnahmen sind die absolute Priorität der Organisation. Besonders wichtig sind dem IS die Gerichtshöfe, die jeweils sehr rasch nach der Einnahme einer Stadt eingerichtet werden und eines seiner wichtigsten Herrschaftsinstrumente sind. Ihre Rechtsprechung richtet sich ausschließlich nach der IS-Interpretation des islamischen Rechts. Sie wenden die auf Arabisch *hudud* genannten, im Koran erwähnten Strafen wie beispielsweise das Abtrennen einer Hand nach einem Diebstahl, die Enthauptung nach einem Mord oder die Steinigung bei Ehebruch an.[4] Trotz der teils drakonischen Urteile dieser Gerichte blieben Proteste anfangs aus. Dass überhaupt ein Justizsystem existierte, erschien vielen Bewohnern nach Jahren des Bürgerkriegs ein Fortschritt.

Doch die Maßnahmen des IS reichen noch viel weiter. So müssen die Einwohner des neuen »Staates« fünf Mal am Tag in der Moschee beten, was vielen Syrern und Irakern vor allem im Morgengrauen Probleme bereitet. Während der Gebetszeiten müssen alle Geschäfte geschlossen werden. Männer werden ermahnt, sich Bärte stehen zu lassen, und Frauen sind angehalten, sich vollständig in schwarze Gewänder einschließlich des obligatorischen Gesichtsschleiers zu hüllen. Alkohol, Musik und das Rauchen von Tabak sind verboten, und während der Fußballweltmeisterschaft 2014 wurde das Schauen der Fernsehübertragungen aus Brasilien untersagt. Die Einhaltung dieser Vorschriften überwacht eine Religionspolizei, vom IS »Hisba« genannt, die mit harten Strafen auf Zuwiderhandlungen reagiert. Videos des IS zeigen immer wieder, wie Männer, die beim Morgengebet fehlten oder sich anderer kleinerer Verfehlungen schuldig machten, ausgepeitscht werden. Mit der Einrichtung der Hisba schließt der IS an die gleichnamige mittelalterliche Institution der Marktaufsicht an, die nicht nur Maße und Gewichte sowie die Qualität der verkauften Waren kontrollierte, sondern auch, ob sich die Menschen im öffentlichen Leben angemessen verhielten. In der Praxis ist die Religionspolizei eine Kopie des saudi-arabischen Vorbilds, einer staatlichen Behörde, die unter der Führung von Religionsgelehrten über die Einhaltung der salafistischen Verhaltensvorschriften wacht. Der religiöse Ursprung dieser Vigilantengruppen ist die koranische Verpflichtung, »das Gute zu gebieten und das Schlechte zu verbieten« (al-amr bi-l-ma'ruf wa-n-nahy an al-munkar), die die Wahhabiten als Aufforderung interpretieren, das aus ihrer Sicht islamkonforme Verhalten ihrer Umgebung notfalls mit Gewalt zu gewährleisten. Der einzige Unterschied zwischen der Vorgehensweise in Saudi-Arabien und des IS ist, dass diese Vorschriften in Saudi-Arabien in den letzten Jahrzehnten aufgrund des Widerstands der Bevölkerung etwas gelockert wurden und die IS-Religionspolizei Verstöße sehr viel rigoroser ahndet als ihre saudi-arabischen Kollegen.

Es ist kein Zufall, dass das öffentliche Leben im »Islamischen Staat« sehr dem im Saudi-Arabien vergangener Tage ähnelt. Denn die wichtigste Wurzel des heutigen Salafismus ist die zentralarabische Wahhabiya, eine islamische Reformbewegung des achtzehnten Jahrhunderts. Sie wird nach ihrem Begründer, dem Gelehrten Muhammad Ibn Abd al-Wahhab (1703/04–1792) benannt, der im Jahr 1744/45 ein Bündnis mit Muhammad Ibn Saud schloss, dem Stammvater der saudischen Herrscherfamilie. Ibn Abd al-Wahhab glaubte, dass der Islam nur zu alter Größe finden könne, wenn die Muslime sich an dem ursprünglichen Islam der frommen Altvorderen orientierten. Seine Lehre wurde zur offiziellen Islaminterpretation des Staates, und die Wahhabiten verwandelten die von den Saudis beherrschten Teile Arabiens in eine salafistische Tugendrepublik, in der die strengen Verhaltensvorschriften des Reformers unnachgiebig durchgesetzt wurden. Musik, Rauchen und seidene Kleidung waren verboten, fünf Mal am Tag wurde in der Moschee gebetet, und die Einhaltung der Vorschriften wurde von besonders eifrigen Studenten der wahhabitischen Gelehrten und anderen Freiwilligen überwacht. Wer die wahhabitische Glaubenslehre nicht vorbehaltlos übernahm und ihre Verhaltens- und Kleidervorschriften nicht strikt befolgte, der galt den frühen Wahhabiten schnell als »Ungläubiger«, der in einem »Dschihad« bekämpft werden durfte. Und tatsächlich führte die wahhabitisch-saudische Allianz zahlreiche Kriege gegen alle Nachbarn, die sich nicht freiwillig unterwarfen, und eroberte so innerhalb weniger Jahrzehnte weite Teile der Arabischen Halbinsel.

Wann immer der Wahhabitenstaat des achtzehnten Jahrhunderts eine Stadt eroberte, zerstörte er als eine der ersten Maßnahmen Heiligengräber und (sunnitische) Moscheen, die über Gräbern erbaut waren. Der Grund dafür war, dass die Wahhabiten einen radikalen Monotheismus vertreten und deshalb jede Art der Heiligenverehrung als Vielgötterei ablehnen; auch Gräber innerhalb von Moscheen betrachten sie als Sakrileg. Die militantesten unter ihnen forderten lange sogar, die Prophetenmoschee von Medina zu zerstören, weil Mohammed darin begraben liegt. Bei seinem Siegeszug im Irak und in Syrien ging der IS nach dem gleichen Muster vor und zerstörte Dutzende religiöse Bauten, darunter das berühmte und von Christen ebenso wie von Muslimen verehrte Grab des Propheten Jonas in Mossul.[5]

Zwar ist der IS keine simple Kopie des frühen Wahhabitenstaates, denn um sich in einer Welt mächtiger Feinde zu behaupten, bedient er sich aller Instrumente der technischen Moderne, deren er habhaft werden kann, und insbesondere seine offen zur Schau gestellte Brutalität unterscheidet ihn von den ebenfalls nicht zimperlichen Wahhabiten. Die rigide Interpretation des islamischen Rechts, die strikten Verhaltensvorschriften, ihre Durchsetzung mit Hilfe einer Religionspolizei, die Bilderstürme und die deutliche Abgrenzung von allen – auch von sunnitischen – Andersgläubigen entsprechen jedoch so sehr dem wahhabitischen Vorbild, dass es nicht erstaunlich ist, dass fast ausschließlich saudi-arabische Freiwillige des IS – die in der Organisation in besonders großer Zahl vertreten sind – als Richter der neuen Schariagerichte in Raqqa wirken.[6] Ihr religiöser Bildungsstand ist deutlich höher als der ihrer Gesinnungsgenossen in anderen arabischen Staaten, und sie kennen die einschlägigen Lehren der Wahhabiten und Salafisten schon aus der Schule. Damit auch Iraker und Syrer sich mit der neuen Islaminterpretation vertraut machen können, gründete der IS in den meisten von ihm eroberten Städten zahlreiche religiöse Institute (Ma'ahid ilmiya), in denen IS-Vertreter seine Doktrin erläuterten.[7] In den Schulen in den eroberten Gebieten werden seit 2013/2014 ebenfalls hauptsächlich religiöse Inhalte gelehrt. Zentrale Themen sind nunmehr arabische Sprache, der Koran (der auswendig gelernt wird) und islamische Geschichte. Sie ersetzen Geographie, allgemeine Geschichte, Literatur, Kunst und Musik. Physik, Chemie, Mathematik und auch Englisch werden zumindest an einigen Schulen – selbstverständlich nach Jungen und Mädchen getrennt – weiter gelehrt. Dies gilt ebenso für die Universität von Mossul, einst die größte des Irak, die zahlreiche Fakultäten und Fachbereiche wie die für Jura, Politik, Kunst, Archäologie, Sportwissenschaft und Philosophie schließen musste.[8] Überdies hält der IS öffentliche Versammlungen ab, bei denen die Ideologie des IS erläutert wird; Koranrezitationswettbewerbe sind oft Teil dieser Feiern. Diese Vorgehensweise und die Vernachlässigung vieler staatlicher Funktionen zeigen, dass es dem IS vor allem darum geht, im neuen »Staat des Kalifats« den »wahren« Islam salafistischer Prägung zu leben. Alle anderen Aufgaben stehen hinter dem Ziel zurück, gottgefällig zu leben.

Maßlose Gewalt gegen Schiiten und Alawiten

Die meisten Salafisten grenzen sich stark von Nichtsalafisten ab. Je nach Ausrichtung sind schon ihre Beziehungen zu anderen Sunniten sehr schlecht, noch ausgeprägter ist aber ihre Abneigung gegenüber den anderen muslimischen Konfessionen wie den Schiiten und kleineren Gemeinschaften wie den Alawiten. Im Fall des IS haben sich der Hass auf die Schiiten und die teils monströsen antischiitischen Gewalttaten zu zwei seiner wichtigsten Charakteristika entwickelt, die zeigen, dass er ganz in der Tradition des Schiitenhassers Abu Musab az-Zarqawi steht. Die Gründe hierfür sind zum einen politischer Natur, weil der IS seinen Staat zunächst auf irakischem und syrischem Territorium errichten will, wo eine schiitisch dominierte Regierung in Bagdad und eine alawitisch dominierte in Damaskus im Weg stehen. Die Schiiten, die im Irak rund sechzig Prozent der Bevölkerung stellen, beherrschen seit den Wahlen von 2005 das politische System des Landes. Die Alawiten machen in Syrien zwar nur grob geschätzte zehn Prozent der Bevölkerung aus, doch gehören Präsident Bashar al-Assad, die wichtigsten Militärführer des Regimes und große Teile der verbliebenen Regierungstruppen zu dieser Religionsgruppe. Der IS bekämpft beide Religionsgemeinschaften und macht keine Unterschiede zwischen den Regierungen, Streit- und Sicherheitskräften und der einfachen Bevölkerung.

Die Ideologen des IS halten die Schiiten für noch schlimmere Ungläubige als die Juden und die Christen. Sie berufen sich dabei auf ein Diktum des unter Salafisten extrem populären mittelalterlichen Gelehrten Taqi ad-Din Ibn Taimiya (1263–1328), wonach die Schiiten im Gegensatz zu den Juden und den Christen fälschlicherweise behaupten, Muslime zu sein, und so die wahre Religion von innen korrumpieren. Deshalb seien sie die größere Gefahr für den Islam. Auch dieser Aspekt in der IS-Ideologie hat seinen Ursprung in der wahhabitischen Reformbewegung, deren gelehrte Vertreter die Schiiten seit jeher als Ungläubige oder Ketzer diffamieren und abfällig als »Abtrünnige« *(rafida* oder *rawafid)* bezeichnen. Entbrannt ist der Konflikt, weil die Schiiten glauben, dass der Prophet Mohammed seinen Cousin und Schwiegersohn Ali (den ersten Imam der Schiiten) zu seinem Nachfolger designiert hat und die Machtübernahme durch die ersten drei Kalifen, enge Vertraute Mohammeds, unrechtmäßig war.

Im Zentrum der wahhabitischen und salafistischen Kritik steht aber die schiitische Haltung insgesamt gegenüber den Prophetengefährten, zu denen die ersten Kalifen Abu Bakr (632–634), Umar (634–644) und Uthman (644–656) gehören. Die Schiiten lehnen nämlich nicht nur das Kalifat insbesondere der ersten beiden Kalifen Abu Bakr und Umar ab, sondern behaupten darüber hinaus, dass die beiden Usurpatoren vom rechten Pfad des Islam abgewichen seien. Dies ist für die Salafisten nicht nur deshalb problematisch, weil sie generell zum

»reinen« Islam dieser Ur-Muslime zurückkehren wollen, sondern auch, weil die Prophetengefährten unersetzliche Garanten für die Richtigkeit der Überlieferung sind. Wenn die Salafisten zu rekonstruieren versuchen, wie die frühen Muslime in Mekka und Medina lebten, sind sie neben dem Koran vor allem auf die *hadithe* angewiesen. Die Sammler dieser Texte, in denen die Worte und Taten des Propheten überliefert werden, stützten sich bei der Bewertung der Authentizität aber vor allem auf die Glaubwürdigkeit der Übermittler – und die frühesten und damit wichtigsten sind eben die Prophetengefährten. Die großen Hadithsammlungen enthalten denn auch *isnad* genannte Überliefererketten, in denen genau aufgeführt wird, welcher Prophetengefährte die ursprüngliche Nachricht über Worte und Taten des Propheten lieferte und an wen weitergab. Das ganz praktische Problem für die Salafisten ist, dass die Schiiten wichtige Tradenten der Sunna öffentlich angreifen. Und wer Prophetengefährten als Usurpatoren beschimpft, wendet sich gegen den methodischen Kern aller salafistischen Reformbemühungen und zieht sich so die immerwährende Feindschaft der Salafisten zu.[9]

Diese Überlegungen sind der ideologische Kern der maßlosen Schiitenfeindschaft des IS. Seine Anhänger sehen keinen Unterschied zwischen den Schiiten und kleineren Religionsgemeinschaften wie den Alawiten. Obwohl die meisten Schiiten sie für eine häretische Sekte halten, werden die Alawiten in der Regel in einem Atemzug mit den Schiiten genannt; wobei der IS mit *nusairi* ein eigenes Schimpfwort für die Alawiten nutzt. Alawitische Soldaten und Milizionäre werden von der Organisation routinemäßig barbarisch abgeschlachtet. Gewalttaten gegen alawitische Zivilisten sind dagegen bisher nur in Einzelfällen bekannt geworden, weil der IS in Syrien fast ausschließlich in sunnitisch besiedelten Gebieten operierte. Nur einmal, während einer Offensive verschiedener aufständischer Gruppierungen in der Küstenprovinz Latakia, drangen Kämpfer im August 2013 in mehrheitlich alawitische Dörfer ein und töteten sofort die wenigen zurückgebliebenen Bewohner.[10] Sollte der IS eines Tages in diese Gebiete einrücken, ist es höchst wahrscheinlich, dass dies das Ende der alawitischen Präsenz in Syrien einläuten würde.

Die Androhung und Anwendung brutaler Gewalt sind die wichtigsten Mittel, mit denen der IS seine Herrschaft in den eroberten Gegenden sichert. Die größte Furcht Baghdadis und seiner Mitstreiter ist, dass sich erneut sunnitische Einheiten gegen den IS wenden, so wie 2007 und 2008 die *sahawat* genannten Freiwilligenverbände im Irak. Dies zeigt sich schon daran, dass sie die konkurrierenden aufständischen Gruppierungen in Syrien, die ab Januar 2014 den Kampf gegen den IS aufnahmen, mit diesem als Schimpfwort gemeinten Namen belegen und ihnen so vorwerfen, im Sold der USA zu stehen.

Im Irak gehörten die Anführer und Mitglieder der sunnitischen Milizen seit 2006 zu ihren wichtigsten Zielen, und spätestens 2009 begann der IS eine Serie gezielter Mordanschläge auf Einzelpersonen. Zwischen 2009 und 2013 tötete die Organisation so systematisch mindestens 1300 Angehörige der sahawat.[11] Die »Soldatenernte«-Kampagne ab Juli 2013 war der Höhepunkt dieses Vorgehens, mit dem der IS jeden Widerstand vorab abtöten wollte. Seit der großen Offensive im Sommer 2014 ging der IS in sehr viel größerem Maßstab gegen jedes Anzeichen organisierten Widerstands vor. Im Irak traf es die al-Bu Nimr aus der Gegend von Hit, einer am Euphrat gelegenen Stadt rund 150 Kilometer westlich von Bagdad. Dieser Stamm hatte schon 2007 und 2008 gegen die Organisation gekämpft und sich auch 2014 heftig gegen sie gewehrt. Trotzdem gelang es den Dschihadisten im Oktober, Hit und seine Umgebung einzunehmen, worauf sie mehr als 300 Stammesangehörige hinrichteten und die Häuser der Geflohenen sprengten.[12] Ähnlich erging es dem Stamm der Shuwaitat in der benachbarten syrischen Provinz Deir ez-Zor an der irakischen Grenze. Als er im August 2013 gegen den IS aufbegehrte, nahmen die Dschihadisten die verlorenen Dörfer wieder ein und töteten mehrere hundert Stammesangehörige.[13] Später veröffentlichte der IS Videos von Enthauptungen mehrerer Opfer, auf denen auch der Berliner Denis Cuspert zu sehen war, wie er einen der Köpfe der Kamera präsentierte. Die Botschaft des IS war eindeutig: Jeder, der gegen seine gottgewollte Herrschaft aufbegehrte, musste sich darauf einstellen, das gleiche Schicksal wie die Shuwaitat zu erleiden. Dies war keine blinde Gewalt, sondern der gezielte Versuch, die Bevölkerung im Herrschaftsbereich des IS einzuschüchtern.

Schwache staatliche Strukturen

Parallel zu seiner brutalen Terrorherrschaft bemühte sich der IS durchaus, staatliche Strukturen aufzubauen, in Syrien mehr als im Irak, aber in beiden Ländern nur mit bescheidenen Erfolgen. Der »Islamische Staat« ist in achtzehn Provinzen (wilaya) unterteilt, die von Gouverneuren (wali, Pl. wulat) beherrscht werden. Diesen unterstehen jeweils drei Stellvertreter, einer für Militär, einer für innere Sicherheit und einer für religiöse Angelegenheiten.[14] Die Gouverneure versuchen, die Bevölkerung mit Lebensmitteln und den wichtigsten kommunalen Dienstleistungen zu versorgen. Die Stromversorgung wird meist durch Wasserkraft sichergestellt, wozu sich der IS schon früh die Kontrolle über Staudämme am Euphrat und Tigris gesichert hat. Der wichtigste ist der am Assad-See westlich von Raqqa, von wo auch Wasser für die Stadt und ihre Umgebung kommt. In den vom IS kontrollierten Städten gibt es aber maximal einige Stunden Strom, und die Wasserversorgung ist ebenfalls immer wieder unterbrochen. Überdies betreibt der IS Brotfabriken und Krankenhäuser, kümmert sich um Schutt- und Müllbeseitigung, regelt den Verkehr und hat eine rudimentäre Zivilverwaltung und Polizei aufgebaut.[15] Die entsprechenden Aufgaben werden von denen erledigt, die sie schon vor der Übernahme der Macht durch den IS ausführten. Ein Problem ist aber, dass insbesondere hoch qualifizierte Arbeitskräfte wie Ärzte, Ingenieure oder Lehrer längst geflohen sind und viele der in Raqqa oder Mossul Verbliebenen bald ebenfalls gehen werden. Dies ist einer der Gründe dafür, dass der IS immer wieder gut ausgebildete Muslime aus dem Ausland aufruft, nach Syrien und in den Irak zu kommen – bisher ohne Erfolg. Hinzu kommt, dass ungeklärt ist, wie der IS seinen »Staat« längerfristig finanzieren will. Er hat zwar hohe Einnahmen, doch ist der Unterhalt staatlicher Dienste ungleich teurer als der einer terroristischen Organisation. Hier könnte der IS eine seiner empfindlichsten Schwachstellen haben, denn seine Ausgaben sind beträchtlich, und je mehr staatliche Funktionen er übernimmt, desto höher werden die Kosten.

In den Jahren 2013 und 2014 finanzierte sich der IS aus dem Verkauf von Öl, aus lokalen Steuern und Schutzgeldern, aus Zöllen, Kriegsbeute, Lösegeldern und Spenden aus dem Ausland und erwirtschaftete so grob geschätzte ein bis fünf Millionen Dollar pro Tag, also zwischen 350 Millionen und 1,8 Milliarden pro Jahr.[16] Das ist mehr, als jede andere terroristische

Organisation je einnehmen konnte, aber zu wenig für einen Staat mit sechs bis acht Millionen Einwohnern.

Öl dürfte zumindest 2014 die wichtigste Einnahmequelle der Organisation gewesen sein, wobei der größte Teil aus Syrien stammt, wo der IS die meisten Felder im Osten des Landes kontrolliert. Vor dem Bürgerkrieg produzierte Syrien knapp über 300 000 Barrel pro Tag, Mitte 2014 waren es noch zwischen 30 000 und 80 000 Barrel und eine etwas geringere Menge im IS-Gebiet im Irak. Dieses Öl wird in kleinen und teilweise sehr primitiven Raffinerien weiterverarbeitet und vor Ort verbraucht oder als Rohöl illegal in die Nachbarländer Türkei, Irakisch-Kurdistan und Iran verkauft. Da das Risiko gestiegen und die Qualität des syrischen Öls niedrig ist, liegt der Preis, den der IS auf dem Schwarzmarkt erzielen kann, nur bei etwa 25 bis 50 Dollar pro Barrel. Trotzdem dürfte die Organisation mit dem Verkauf von Öl bis Mitte 2014 bis zu etwa 3,2 Millionen Dollar pro Tag erwirtschaftet haben.[17] Erst als die US-Luftwaffe und ihre Verbündeten im August und September die Ölfelder und die Raffinerien bombardierten, um diesen Schmuggel zu unterbinden, reduzierten sich die Einnahmen aus Öl erheblich.

Die Einnahmen aus Steuern und Schutzgeldern sind sehr viel schwerer zu beziffern, müssen aber schon vor 2014 beträchtlich gewesen sein, da sie allein die enorme Expansion der IS-Aktivitäten seit 2010 ermöglichten, als der IS noch kein Öl schmuggeln konnte. Eine der wichtigsten Einnahmequellen des IS vor 2013 waren »Steuern« genannte Schutzgelder, die er von Geschäftsleuten in Mossul erpresste, wo er bereits seit Jahren stark war. Seit 2013 erhebt die Organisation eine Steuer, die sie *zakat* nennt – die zu den fünf Säulen des Islam gehörende »Almosensteuer«. Ein oder zwei Mal im Jahr müssen Privat- wie Geschäftsleute zehn Prozent ihrer Einkünfte entrichten, und der IS hat zumindest rudimentäre Finanzbehörden (diwan az-zakat) etabliert, um das Geld oder auch Naturalien einzutreiben.[18] Eine Kopfsteuer (dschizya) müssen die wenigen in den vom IS kontrollierten Gebieten verbliebenen Christen bezahlen.

Eine weitere wichtige Einnahmequelle sind kriminelle Aktivitäten aller Art. Besonders einträglich waren und sind »Zölle«, die die Organisation auf Waren und die Lastkraftwagen erhebt, die diese transportieren und Städte wie Mossul anfahren. Größere Lkws müssen bis zu 400, kleinere zwischen fünfzig und hundert Dollar zahlen. Überdies hat der IS aus seinem Eroberungszug im Irak 2014 einen regelrechten Beutefeldzug gemacht. Er plünderte zahlreiche Banken und Regierungsgebäude sowie die Häuser von geflohenen Angehörigen der religiösen und ethnischen Minderheiten und von Regierungsangestellten. In großem Stil raubte der IS Museen und archäologische Stätten aus und verkaufte das Raubgut in die Nachbarländer, von wo es weiter in die Golfstaaten, die westliche Welt und Asien verschoben wurde.[19] Die Organisation nahm auch zahlreiche westliche Geiseln, die sie teils vor laufender Kamera grausam ermordete, teils gegen Zahlung von Lösegeldern freiließ. Hiermit nahm sie 2013 und 2014 geschätzte 30 bis 65 Millionen Dollar ein.[20]

Spenden aus dem Ausland spielen bei der Finanzierung der Organisation 2013 und 2014 nur eine untergeordnete Rolle, da sich der IS überwiegend selbst finanziert. Überzeugende Belege für staatliche Unterstützung beispielsweise aus Saudi-Arabien gab es nicht; das Königreich gehörte vielmehr zu den besonders entschlossenen Gegnern des IS. Privatleute aus den arabischen Staaten am Persischen Golf hingegen schicken

Geld an den IS und profitieren dabei von den besonders laxen Kontrollen in Katar und vor allem in Kuwait, das sich zum neuen Zentrum der Terrorismusfinanzierung am Golf entwickelt hat.[21] Diese beiden Staaten stehen aber unter großem Druck der USA, dem gegenzusteuern.

All diese Einnahmequellen haben den IS zu der reichsten Terrororganisation gemacht, die es je gab. Dass die Gruppierung einen bescheidenen Sold zahlt, der für einfache Kämpfer bei bis zu einigen hundert Dollar pro Monat liegt, macht sie zumindest in Syrien zu einem nicht unattraktiven Arbeitgeber. Das Problem ist jedoch, dass der IS längst sehr viel größer ist als eine herkömmliche Terrorgruppe und sogar ein Staat werden will. Bisher lebt er von einer Beuteökonomie, die funktionierte, weil schnell große Gebiete erobert wurden. Seit diese Expansion im Herbst 2014 an Grenzen gestoßen ist, zeigen sich auch die Grenzen dieser Art des Wirtschaftens. Hinzu kommt enormer Druck der USA auf die Nachbarn, die Finanzierung des IS zum Erliegen zu bringen. Die ersten großen Probleme dürften mit der Brotversorgung beginnen. Bis Ende 2014 konnte der IS die Bevölkerung mit dem erbeuteten Getreide aus der letzten Ernte versorgen. Doch schon 2015 wird die Produktion enorm zurückgehen, da Zehntausende Bauern von ihren Feldern und Höfen geflohen sind. Dann wird es noch schwerer werden, den »Islamischen Staat« am Laufen zu halten.

7

»Der Islamische Staat wird bleiben«: IS gegen al-Qaida

A m 23. Februar 2014 verschafften sich zwei mit Spreng-stoffwesten bekleidete ISIS-Selbstmordattentäter Zugang zu einem der Stützpunkte der Islamischen Front in dem von Aufständischen gehaltenen Teil von Aleppo. Es gelang ihnen, ihre Sprengsätze detonieren zu lassen und Abu Khalid as-Suri (ursprünglich Muhammad Bahaia) sowie einige seiner Ge-folgsleute zu töten. Suri (= der Syrer) war zu dem Zeitpunkt Emir der Ahrar ash-Sham von Aleppo und die bekannteste Per-sönlichkeit in der salafistischen Organisation. Viel wichtiger aber war, dass der Al-Qaida-Führer Aiman az-Zawahiri den syrischen Veteranen zu seinem Vertreter in Syrien ernannt und mit der Schlichtung des Streits zwischen ISIS und der Nusra-Front beauftragt hatte. Der Mord an Suri war ein direkter An-griff auf den Al-Qaida-Chef und seine Versuche, den Lauf der Ereignisse in Syrien zu beeinflussen.

Suri war aufgrund seiner langen Karriere und seiner interna-tionalen Kontakte für den Vermittlerposten geeignet wie kein Zweiter unter den syrischen Dschihadisten. 1963 in Aleppo geboren, hatte er sich bereits als Sechzehnjähriger der »Kämp-fenden Vorhut« (at-Tali'a al-Muqatila) angeschlossen, der wichtigsten militant-islamistischen Gruppierung im Syrien der 1970er Jahre. Nach der Niederlage der Aufständischen in Hama 1982 lebte Abu Khalid in der Türkei und übernahm die Schleusung von Islamisten von und nach Syrien. 1988 reiste er nach Afghanistan, wo er sich den arabischen Kämpfern anschloss. Dort traf er seinen Kindheitsfreund und Kampfgefährten aus Aleppiner Tagen wieder, den dschihadistischen Strategen und Vordenker Abu Musab as-Suri, mit dem er in den 1990er Jahren weiter zusammenarbeitete. Von Istanbul aus wurde Abu Khalid as-Suri ein wichtiger Logistiker für al-Qaida und andere dschihadistische Gruppierungen, lebte aber auch einige Jahre mit Abu Musab in Spanien und in England. Ende der 1990er Jahre begab er sich erneut nach Afghanistan, wo er bis 2001 als Ausbilder fungierte und enge Kontakte zu Osama Bin Laden, der al-Qaida und den Taliban unterhielt.

Trotz der engen Beziehungen war Abu Khalid nie ein Mitglied der al-Qaida geworden und stand ebenso wie sein Freund Abu Musab den Taliban näher als der Bin-Laden-Organisation. Trotzdem wurde er im Mai 2005 in Pakistan verhaftet und nach etwa einem Jahr in dortigen Gefängnissen von den USA an Syrien ausgeliefert. Nach fast sechs Jahren Einzelhaft in dem berüchtigten Gefängnis von Saidnaya nahe Damaskus ließ das Assad-Regime Suri im Dezember 2011 frei. Er stellte sofort Kontakt zu den Aufständischen her, und die Nusra-Front lud den Veteranen ein, sich ihr anzuschließen. Doch ließ sich Suri Zeit mit der Auswahl und trat Ende 2012 schließlich den Ahrar ash-Sham bei, wo er schnell zum wichtigen Kommandeur von Aleppo aufstieg.

Abu Khalid as-Suri hatte gegenüber Gefährten mehrfach von seiner Sorge gesprochen, dass besonders extremistische Dschihadisten aus dem Ausland mit ihrem Hang zu brutalen

Gewalttaten Syrien zerstören würden. Ihm war zudem zugetragen worden, dass der ISIS seine Ermordung plante, und er warnte die Nusra-Front vor ISIS-Kämpfern, die konkurrierende Organisationen infiltrierten.[1] Trotzdem gelang es einem der Selbstmordattentäter, Suri zu ermorden, und kaum jemand hegte Zweifel, dass Baghdadis Leute für den Anschlag verantwortlich waren. Die Tat war eine Kriegserklärung an al-Qaida und ihren Führer, vermittelte aber auch eine Botschaft an die gesamte dschihadistische Bewegung, dass, wer sich dem ISIS nicht bedingungslos unterordnete, zum legitimen Ziel seiner Angriffe werden würde – ganz gleich, wie viele Verdienste sich das Opfer im Kampf für die gemeinsame Sache erworben hatte.

Abu Musab az-Zarqawi gegen al-Qaida

Es war ein langer Weg von den ersten Meinungsverschiedenheiten zwischen Zarqawi und Bin Laden bis zur brutalen Ermordung des al-Qaida-Statthalters Abu Khalid as-Suri. Die Ursachen des Konfliktes waren schon in der Frühgeschichte der irakischen al-Qaida und dem Wirken ihres Gründers Abu Musab az-Zarqawi angelegt. Der ungeheure Ehrgeiz des Jordaniers, sein mit großer Ungeduld gepaarter Mut und seine Brutalität und Menschenfeindlichkeit bereiteten der selbst nicht gerade zimperlichen Al-Qaida-Führung großes Unbehagen.[2] Bin Laden und Zawahiri entschlossen sich trotzdem, Zarqawi gewähren zu lassen, da sie nach 2001 unter großem Druck standen und händeringend nach Verbündeten suchten, während Zarqawis irakische al-Qaida große Erfolge im Kampf gegen die Amerikaner feierte. Doch im Lauf der Jahre wurden die

Differenzen zwischen al-Qaida und ihrer irakischen Regional-
organisation immer dramatischer deutlich.

Abu Musab az-Zarqawis unmittelbare Ziele lagen im Irak
und der »Bilad ash-Sham« genannten historischen Region Syri-
en, zu der neben dem heutigen syrischen Nationalstaat einige
Grenzregionen der Türkei, der Libanon, Jordanien und Israel/
Palästina gehören. Sein historisches Vorbild war Nur ad-Din
Zangi (1118–1174), ein ethnischer Türke aus der Dynastie der
Zengiden, der im zwölften Jahrhundert die Geschicke Syriens
lenkte.[3] Nur ad-Din herrschte ab 1146 über den Norden Syriens
und dessen Hauptstadt Aleppo, weitete seine Herrschaft im
Kampf gegen die europäischen Kreuzfahrer zunächst bis nach
Damaskus und in seinen letzten Lebensjahren nach Ostsyrien
und Mossul aus. Es dürfte aber nicht nur seine Vision eines ge-
einten (Groß-)Syrien sein, die Zarqawi nachahmte. Denn Nur
ad-Din war zumindest seit den 1160er Jahren auch für seinen
frommen Lebensstil bekannt, den er mit einem ausgeprägten
Hass auf die Schiiten verband. Nicht zuletzt schickte er ein Heer
nach Ägypten, das einer Invasion der Kreuzritter zuvorkam und
den Sturz der schiitischen Fatimiden 1171 durch seinen Offizier
und Nachfolger als Herrscher über Syrien Salah ad-Din al-Ayy-
ubi (Saladin, 1137–1193) einleitete.[4] In der Gedankenwelt Zarqawis waren die Israelis die neuen »Kreuzzügler« und die Herrscher der arabischen Nachbarstaaten deren willige Lakaien, die
es zu stürzen galt. In der Frühzeit ging es ihm in erster Linie um
den Sturz der Monarchie in Jordanien und den Kampf gegen Israel. Dies spiegelte sich auch in den Anschlagsplanungen wider,
die bis 2003 vor allem und später noch vereinzelt auf Jordanien,
israelische und jüdische Einrichtungen abzielten.

Dies änderte sich mit der Umsiedlung Zarqawis in den Irak
2002/2003, der Rekrutierung zahlreicher irakischer Kämpfer

und dem Zustrom vieler ausländischer Freiwilliger. Hier zeigte sich, dass die Gefolgschaft die Strategie macht, denn prompt erweiterte Zarqawi sein Zielspektrum. Da es den Irakern, die ab 2003 die überwiegende Mehrheit der Kämpfer in der Organisation ausmachten, vor allem um die Vertreibung der US-Truppen aus ihrem Heimatland und die Rückkehr der Sunniten an die Macht ging, musste Zarqawi diesen Aspekt in seine Pläne einarbeiten. Fortan verkündete er, zunächst die US-Truppen aus dem Irak vertreiben und einen islamischen Staat begründen zu wollen. Anschließend werde er den »Dschihad« in die Nachbarländer tragen – gemeint waren Syrien, der Libanon, Jordanien, Saudi-Arabien, Kuwait und die Türkei –, um anschließend Israel zu zerstören und Jerusalem zu »befreien«.[5] Die Nennung der Nachbarländer ging darauf zurück, dass unter den ausländischen Freiwilligen in Syrien neben Saudi-Arabern sehr viele Syrer, zahlreiche Jordanier, Palästinenser, Libanesen, Türken und einige Kuwaitis vertreten waren. Mit der Neudefinition der Ziele hoffte Zarqawi, unter diesen Landsmannschaften noch mehr Unterstützung zu gewinnen.

Da al-Qaida im Irak nie Fuß gefasst hatte und auch in Syrien, im Libanon, in Jordanien und unter Palästinensern nur wenig Unterstützung hatte, bewertete sie den Anschluss Zarqawis vom Oktober 2004 insgesamt positiv. Trotzdem sahen Bin Laden und Zawahiri die regionalen »Ableger« immer als Gruppierungen mit beschränktem Operationsgebiet und beanspruchten die alleinige Kontrolle über alle externen Operationen (im Jargon der al-Qaida »externe Arbeit«), das heißt Anschläge im Ausland. Zarqawi jedoch ordnete sich den Wünschen der Al-Qaida-Führung nicht unter, sondern bemühte sich selbst, den bewaffneten Kampf in die Nachbarländer des Irak zu tragen. Dies zeigte sich zum ersten Mal bei den Anschlägen von Istanbul im November 2003, bei denen die Zarqawi-Organisation in Gestalt von Luai Sakka eine wichtige Rolle spielte. Ebenso waren dessen gescheiterte Vorbereitungen für einen Anschlag auf israelische Kreuzfahrtschiffe im August 2005 ein deutlicher Hinweis, dass Zarqawi in die Fußstapfen der al-Qaida treten wollte. Hinzu kamen weitere Anschlagsversuche in Jordanien. Besonders aufsehenerregend war ein Attentat einer Zarqawi-Zelle im August 2005. Die Täter schossen vom jordanischen Hafen Aqaba am Roten Meer Katyusha-Raketen auf zwei amerikanische Kriegsschiffe. Allerdings verfehlten sie ihre Ziele, und die Raketen schlugen auf dem jordanischen und dem israelischen Festland ein und töteten einen jordanischen Soldaten.[6]

Nach den Anschlägen auf die Hotels in Amman im November 2005 endeten die Anschlagsversuche außerhalb des Irak. Einige Autoren glauben, dass dies auf eine Anordnung der al-Qaida zurückging, die auf ihrem Vorrecht beharrte, internationale Anschläge zu organisieren. Ein anderer möglicher Grund ist, dass Zarqawi schlicht das nichtirakische Personal ausging. Die meisten seiner alten jordanischen Kampfgefährten waren 2005 entweder tot oder in Haft, und die Zarqawi-Organisation wurde immer stärker von ihren irakischen Mitgliedern geprägt. Der Tod Zarqawis scheint das Ende der Attentate in den Nachbarländern zunächst besiegelt zu haben, und es dauerte bis 2011, bis der ISI wieder außerhalb des Irak aktiv wurde. Die Schwäche der irakischen al-Qaida und ihre ausschließliche Ausrichtung auf den Irak überdeckten für einige Jahre, dass die Meinungsverschiedenheiten mit der Al-Qaida-Führung noch sehr viel tiefer gingen.

Identische Ziele, unterschiedliche Strategien

Die politischen Visionen der al-Qaida und des IS sind weitgehend deckungsgleich. Es geht ihnen wie den meisten Dschihadisten darum, die USA, Israel und den Westen aus der arabischen und islamischen Welt zu vertreiben, um dort islamische Staaten auf der Grundlage ihrer jeweiligen Interpretation des islamischen Rechts zu schaffen. Überdies wollen sie die bestehenden Grenzen der Nationalstaaten überwinden und ein Kalifat errichten, wobei sie dessen Grenzen nicht oder nicht genau definieren. Minimalziel ist jedenfalls die Herrschaft über die gesamte arabische Welt einschließlich des »al-Andalus« genannten ehemals muslimischen Spanien, ihr Endziel nicht weniger, als schrittweise die gesamte Welt zu erobern.

Seit der Entstehung der dschihadistischen Bewegung in den 1970er Jahren streiten ihre Vertreter über die richtige Strategie, diese Ziele zu erreichen. Al-Qaida steht dabei für den Ansatz, zunächst den »fernen Feind«, in erster Linie die USA, zu einem Rückzug aus der islamischen Welt zu zwingen, um anschließend den »nahen Feind«, also die autoritären Regime in der arabischen Welt, zu stürzen. Doch innerhalb dieser Organisation gab und gibt es deutliche Meinungsverschiedenheiten. Ihr Gründer und langjähriger Führer Osama Bin Laden stand gemeinsam mit seinen Gefolgsleuten aus den Staaten der Arabischen Halbinsel immer für einen stark antiamerikanischen Kurs und begeisterte damit dschihadistische Internationalisten weltweit. Sein Stellvertreter und späterer Nachfolger Aiman az-Zawahiri (geboren 1951) hingegen hatte bis Mitte der 1990er Jahre den Kampf gegen den »nahen Feind« in seinem Heimatland Ägypten propagiert und sich erst später mit Bin Laden zusammengetan. Der Zusammenschluss von al-Qaida und Zawahiris Dschihad-Gruppe (Tanzim al-Dschihad) führte zu einer ambivalenten Strategie, die den Kampf gegen die USA als Vorstufe zur Überwindung der Regime in Ägypten, Saudi-Arabien und anderen Staaten erklärte.[7]

In den ersten Jahren passte die Ausrichtung der Zarqawi-Truppe – mit dem Schwerpunkt der Befreiung des Irak und Großsyriens – durchaus in die Al-Qaida-Strategie und behob eine Schwäche der stark von Golfarabern und Ägyptern geprägten Organisation. Mit der Einbindung des Jordaniers und seiner irakischen und syrischen Gefolgsleute 2004 gewann al-Qaida Rekruten aus einer Gegend, in der sie bis dahin vor allem als eine ägyptisch-saudi-arabische Gruppierung gesehen worden war und kaum Zulauf hatte verzeichnen können. Zawahiri ließ denn auch in seinen Briefwechseln mit Zarqawi in den folgenden Jahren keine Gelegenheit aus, zu betonen, wie wichtig gerade die Region war, in der Zarqawis Leute operierten. So schrieb er in seinem Brief an Zarqawi von 2005:

»Der Islam wird in unserer Zeit nur dann siegen, wenn ein muslimischer Staat nach der Methode des Propheten (ala min-hadsch an-nubuwwa) im Herzen der islamischen Welt errichtet wird, genauer gesagt in der Gegend von Großsyrien (ash-Sham) und Ägypten und in Nachbargebieten wie der Arabischen Halbinsel und dem Irak – sein Zentrum wird aber in Großsyrien und Ägypten liegen.«[8]

Das Verhältnis zwischen al-Qaida einerseits und Zarqawi sowie Baghdadi andererseits hätte sich also durchaus harmonisch entwickeln können, wenn nicht Baghdadi den Ehrgeiz seines Vorgängers übernommen hätte und die Konflikte über die Vorgehensweise des irakischen Ablegers aufgetreten wären. Die wichtigsten Differenzen betrafen die antischiitische Strategie, die nach dem Tod Zarqawis von Masri und Baghdadi weiterverfolgt wurde, den absoluten Führungsanspruch gegenüber anderen islamistischen Aufständischen und die brutale Gewalt gegen andersdenkende Sunniten und ausländische Geiseln. Der berühmte Brief von Zawahiri an Zarqawi zeigte grundsätzliche Meinungsunterschiede auf, da der Al-Qaida-Vize nicht nur Anschläge auf schiitische Moscheen allgemein, sondern auch den auf das Mausoleum des ersten schiitischen Imam Ali Ibn Abi Talib kategorisch ablehnte. Überdies erklärte Zawahiri, dass er zwar Anschläge auf schiitische Führer prinzipiell akzeptierte, Attentate gegen die einfache schiitische Bevölkerung jedoch ablehnte. Er war der Meinung, dass das »schiitische gemeine Volk ... wegen seiner Unwissenheit unschuldig ist« und Angriffe nur erlaubt seien, wenn man den Schiiten vorab die Lehren des »wahren« sunnitischen Islam nähergebracht und ihnen die Möglichkeit zum Übertritt gegeben habe.[9] Dies waren Positionen, die fast allem entgegenliefen, wofür Zarqawis Organisation seit 2001 stand. Im Jahr 2005 war Zawahiris Kritik an der Gewalt der Zarqawi-Truppe gegen andersdenkende Sunniten noch nicht sehr deutlich, er forderte jedoch schon damals von Zarqawi, die Unterstützung der muslimischen Massen im Irak und in den Nachbarländern zu gewinnen. Zu viel Brutalität konnte diese Unterstützung schwinden lassen, weshalb Zarqawi fortan auf öffentliche Hinrichtungen von Geiseln verzichten solle.[10] In den nächsten Jahren entwickelte die Al-Qaida-Führung diesen Gedanken weiter und forderte ihre Regionalorganisationen im Irak, im Jemen und in Algerien/Mali immer wieder auf, sich in größere Aufstandsbewegungen zu integrieren, um so ihre Erfolgsaussichten zu erhöhen. Ohne die Unterstützung der muslimischen Massen, so das Credo Zawahiris wie schon Bin Ladens, wäre al-Qaida zu schwach, um die Amerikaner zu vertreiben und einen islamischen Staat aufzubauen. Deshalb müssten die Dschihadisten pragmatisch vorgehen und Bündnisse auch mit Kräften eingehen, die ideologisch nicht mit ihnen auf einer Linie lagen.

Hier zeigt sich der tiefer gehende Unterschied zwischen der Zarqawi/Baghdadi- und der Bin-Laden/Zawahiri-Denkschule. Die Al-Qaida-Führung hoffte immer darauf, durch ihre Anschläge und die darauf folgenden Überreaktionen ihrer Feinde die Unterstützung breiter Teile der muslimischen Bevölkerung für ihre Sache zu gewinnen. Bin Laden und Zawahiri hatten beziehungsweise haben ein letzten Endes positiveres Menschenbild und sehen in feindseligen Muslimen potenzielle künftige Unterstützer, die sie benötigen, um ihre politischen Ziele durchzusetzen. Zarqawi und Baghdadi hingegen waren beziehungsweise sind Menschenfeinde, die nicht daran glauben, allzu viele Muslime von ihren Ideen überzeugen zu können. Wie schon Zarqawi hegt Baghdadi vielmehr großes Misstrauen gegenüber all denjenigen (auch sunnitischen) Muslimen, die sich nicht bedingungslos auf ihre Seite stellen, und glaubt, dass nur brutale Gewalt diese davon überzeugen kann, sich der irakischen al-Qaida und dem IS anzuschließen oder zumindest nicht gegen sie zu arbeiten.

Viele arabische Kommentatoren benutzen den Begriff *takfiri,* um besonders radikale und militante Gruppierungen wie den IS zu bezeichnen. Das Verbalsubstantiv *takfir* bedeutet »das Für-ungläubig-Erklären« oder »Exkommunikation«, *takfiri* wird derjenige genannt, der andere Muslime besonders leichtfertig zu Ungläubigen erklärt und daraus eine Rechtfertigung ableitet, sie zu bekämpfen. Eine Gruppierung, die schon früh mit diesem Vorwurf konfrontiert wurde, war die algerische »Bewaffnete Islamische Gruppe« (GIA), die Mitte der

1990er Jahre mehrfach fürchterliche Massaker an Zivilisten verübte, weil diese sich nicht auf ihre Seite stellten. Als Prototyp des *takfiri* gilt vielen Muslimen – sogar Dschihadisten – bis heute Abu Musab az-Zarqawi, aber auch Baghdadi und der IS werden häufig mit dieser Bezeichnung belegt. *Takfiri* ist zudem ein politischer Kampfbegriff, mit dem die Anhänger der Zarqawi-Schule als brutale Fanatiker stigmatisiert werden. Wertfreier und jenseits der politischen Propaganda formuliert, liegt der Unterschied zwischen dem IS und der al-Qaida in der unterschiedlichen Bedeutung politischer und religiöser Ziele. Bin Laden und mehr noch Zawahiri waren immer bereit, ideologische Kompromisse einzugehen, um ihren politischen Zielen näher zu kommen; der IS-Führung geht es mehr um die ideologische Reinheit. Kompromisse waren ihr von Anbeginn an fremd.

Diese Differenz trat durch die »Staatsgründung« 2014 besonders deutlich zutage. Der IS sah in dieser Maßnahme die einzige Möglichkeit, seine Vorstellungen von einem wahren Islam durchzusetzen. Da nur wenige Muslime ihm freiwillig folgen wollten, benötigte er die Machtmittel eines Staates, um seine Verhaltensregeln gegebenenfalls mit Gewalt durchzusetzen. Al-Qaida und die Nusra-Front glaubten dagegen, andere Rebellen und die Bevölkerung durch möglichst gute Beziehungen zu ihnen langfristig von ihrer Sache überzeugen zu können. Die Gründung eines Staates, der einen militärischen und einen religiösen Alleinvertretungsanspruch formulierte, schien ihnen diesem Ziel diametral entgegenzulaufen.

Der Bruch: Zawahiri und Nusra gegen Baghdadi

Da es vor 2013 mehrere Jahre kaum oder gar keine Kontakte zwischen dem ISI und der Al-Qaida-Führung in Pakistan gegeben hatte, brach der Konflikt nicht auf. Mit der Ausweitung des bewaffneten Kampfes des ISI auf Syrien und dem Erstarken der Nusra-Front jedoch nahmen die Spannungen zwischen Baghdadi und Zawahiri schnell zu, denn die syrischen Dschihadisten suchten den Kontakt zur Al-Qaida-Führung in Pakistan, und diese nutzte die Gelegenheit, ihren Einfluss im »Herzen der islamischen Welt« auszubauen.

Die Nusra-Front zeigte schnell, dass sie sich zwar in ihrer Taktik – insbesondere den großen Selbstmordanschlägen mit Autobomben – an der Mutterorganisation ISI orientierte, in ihrer Strategie aber eher der al-Qaida folgte, die darauf zielte, Bündnisse mit nichtdschihadistischen Aufständischen zu schließen und die Unterstützung der Bevölkerung zu gewinnen. Sie griff bis 2014 fast ausschließlich syrische Sicherheitskräfte sowie militärische Einrichtungen an und versuchte, zivile Opfer zu vermeiden. Die Nusra-Front bemühte sich ganz offensichtlich, die Fehler der irakischen al-Qaida nicht zu wiederholen, die sich aufgrund ihres Alleinvertretungsanspruchs und ihres brutalen Vorgehens gegen sunnitische Gegner unter den irakischen Aufständischen stark isoliert hatte und ihre Aktivitäten möglichst öffentlichkeitswirksam bewarb. Als Baghdadi von dem Nusra-Anführer Abu Muhammad al-Dschaulani eine Kurskorrektur forderte und gleichzeitig den Syrer einer engeren Kontrolle unterwerfen wollte, scheint dieser sich an Zawahiri gewandt zu haben.[11]

Dies war eine höchst gefährliche Vorgehensweise, denn Baghdadi sah sich mitnichten als Regionalkommandeur der al-

Qaida, sondern als Konkurrenten Zawahiris und als Herrscher eines tatsächlich existierenden islamischen Staates, sodass er dagegenhalten musste. Wie eine Reaktion gegen Anhänger der Al-Qaida-Zentrale aussehen konnte, hatte Baghdadi schon 2010 im Irak gezeigt, als es Widerstand dagegen gegeben hatte, dass er sich »Befehlshaber der Gläubigen« (Amir al-Mu'minin) nannte. Dieser Titel implizierte einen Führungsanspruch für die gesamte dschihadistische Bewegung und war nach Ansicht von Al-Qaida-Anhängern nicht mit dem Gefolgschaftseid auf Osama Bin Laden von 2004 vereinbar.[12] Im Dezember 2010 soll der damalige ISI-Emir von Mossul namens Abd al-Karim al-Dschuburi einen internen Aufstand der Freunde Bin Ladens und Zawahiris angeführt haben, der in blutige Auseinandersetzungen mündete und mit der Absetzung und Tötung Dschuburis endete. Mehrfach war auch später noch von Säuberungen dieser Art die Rede, und nur wenige Vertreter der Baghdadi-feindlichen Strömung konnten untertauchen und sich so vor dem Zorn des ISI-Chefs retten.[13]

Als Baghdadi trotz aller seiner Bemühungen die Kontrolle über die Nusra-Front nicht wiedergewinnen konnte, rief er im April 2013 den »Islamischen Staat im Irak und Syrien« aus. Dschaulani regierte sofort, indem er am 10. April über die Nusra-Medienstelle »Das weiße Minarett« (al-Manara al-Baida) eine Audiobotschaft veröffentlichte. Darin äußerte er sich zwar sehr respektvoll über Baghdadi und den ISI und bestätigte, dass die Nusra-Front aus der irakischen Organisation hervorgegangen war, weigerte sich aber, die Nusra-Front aufzulösen und ihre Mitglieder dem ISIS zu unterstellen. Vielmehr wandte er sich öffentlich an Aiman az-Zawahiri und schwor ihm und al-Qaida Gefolgschaft.[14] Damit war Syrien für einige Monate das erste und einzige Land der Welt, in dem zwei Al-Qaida-Regionalorganisationen nebeneinander bestanden. Auch die Mitglieder der beiden Gruppierungen selbst schienen überrascht, denn zunächst herrschte für einige Wochen angespannte Ruhe, und die sonst immer aktiven Medienstellen al-Furqan (für den ISI) und al-Manara al-Baida (für die Nusra-Front) schwiegen.

Zawahiri sah sich genötigt, in den Konflikt zwischen den beiden Al-Qaida-»Filialen« einzugreifen. In einer Botschaft an Baghdadi und Dschaulani, die Anfang Juni 2013 veröffentlicht wurde, forderte er ein sofortiges Ende des Konfliktes. Er ergriff eindeutig Partei für Dschaulani und die Nusra-Front, indem er festlegte, dass der ISIS aufzulösen sei und der ISI und die Nusra-Front unabhängig voneinander und unter dem Oberbefehl der Al-Qaida-Zentrale in ihrem jeweiligen Heimatland operieren sollten. Außerdem bestimmte er den Ahrar-ash-Sham-Kommandeur Abu Khalid as-Suri zu seinem Vertreter in Syrien, der jede mit der Interpretation der Anweisungen zusammenhängende Frage vor Ort entscheiden werde – und unterzeichnete damit ungewollt das Todesurteil für den Veteranen, wie sich einige Monate später zeigen sollte.[15] Es konnte zu dem Zeitpunkt nicht mehr überraschen, dass Baghdadi sich weigerte, den Anweisungen aus Pakistan zu folgen, und seinerseits im Juni eine Audiobotschaft mit dem Titel »Wir bleiben im Irak und Syrien« (Baqiya fi l-Iraq wa-sh-Sham) veröffentlichte und ankündigte, dass ISIS weiter in beiden Ländern operieren werde.[16] »Daulat al-Islam baqiya« (»Der Islamische Staat wird bleiben«) oder auch die kurze Variante »baqiya« (»er bleibt«) wurde zum Motto und Schlachtruf der Organisation.

Nun, da die Positionen der Kontrahenten geklärt waren, weitete sich der Streit auf die dschihadistische Szene insgesamt aus. Vor allem der ISIS-Sprecher Abu Muhammad al-Adnani fiel mehrfach mit besonders abfälligen Äußerungen zu

Zawahiri, al-Qaida und der Nusra-Front auf.[17] Diese scheinen in den folgenden Monaten noch auf einen Ausgleich gehofft zu haben, doch der ISIS sperrte sich gegen alle Versuche. Vielmehr trat die Organisation immer aggressiver auf, sodass der Konflikt mit den anderen Aufständischen und der Nusra-Front unausweichlich wurde. Aiman az-Zawahiri reagierte im Januar 2014 mit dem Ausschluss des ISIS aus dem Al-Qaida-Netzwerk.[18] Dieser antwortete so, wie es von ihm zu erwarten war, indem er Abu Khalid as-Suri ermordete. Daraufhin veröffentlichte Nusra-Führer Dschaulani am 26. Februar 2014 ein Ultimatum, in dem er dem ISIS fünf Tage gab, sich einem Scharia-Gericht zu stellen. Falls der ISIS dem nicht Folge leiste, werde die Nusra-Front die konkurrierende Organisation in Syrien und im Irak bekämpfen.[19] ISIS reagierte nicht, und im März 2014 flammten im Osten Syriens Kämpfe zwischen der Nusra-Front und dem ISIS auf, die mit der Vertreibung von Nusra aus der Region endeten. Doch die Schwächung der Nusra-Front (und des Aufstands gegen Assad) war nicht die einzige Folge des Zwistes. Vielmehr zeigte er auch, wie attraktiv ISIS im Vergleich zu al-Qaida für ausländische Kämpfer war, die sich mehrheitlich für Baghdadi und gegen Zawahiri und Dschaulani entschieden.

Die ausländischen Kämpfer des ISIS

Seit 2012 war die Zahl der ausländischen Kämpfer in Syrien stetig gestiegen. Wie schon in Afghanistan in den 1980er Jahren, Bosnien kurz darauf, Tschetschenien seit Mitte der 1990er Jahre, Afghanistan nach 2001, dem Irak ab 2003 und Somalia ab 2006 glaubten viele junge Islamisten, es sei ihre Pflicht, bedrängten Glaubensbrüdern zu Hilfe zu kommen. Der wichtigste Unterschied zu diesen Konflikten war, dass der Kampf nicht gegen einen äußeren Aggressor – die Sowjetunion, Serbien, Russland, die USA oder Äthiopien – geführt wurde, sondern gegen den einheimischen Diktator Bashar al-Assad. Im Lauf des Jahres 2011 hatten die teils fürchterlichen Nachrichten und Bilder von den Verbrechen der syrischen Regierungstruppen weltweit wie nie zuvor junge Muslime aufgerüttelt und den Wunsch geweckt, den Syrern in ihrem Kampf beizustehen. Das Ergebnis war eine bisher beispiellose Mobilisierung, und seriösen Schätzungen zufolge reisten zwischen 2012 und Anfang 2015 rund 15 000 Ausländer nach Syrien, um dort am bewaffneten Kampf gegen das Assad-Regime teilzunehmen.

Es ist nicht überraschend, dass die Saudi-Araber mit geschätzten 2500 Mann stark vertreten sind, denn sie stellten schon im Irak 2003–2008 das wahrscheinlich größte ausländische Kontingent und waren auch auf den anderen Kriegsschauplätzen der Dschihadisten immer mit vielen Kämpfern präsent. Erstaunlich hingegen ist, dass die Tunesier mit bis zu 3000 Freiwilligen häufig als größte Gruppe genannt werden und auch die Marokkaner mit etwa 1500 Mann vertreten sein sollen. Es folgen die Jordanier mit rund 1300 und die Türken mit 1000 Kämpfern.[20] Hinzu kommen mindestens 3000 Europäer und bis zu 1500 Kaukasier. Bis zum Sommer 2013 schlossen sich die Ausländer fast ausschließlich den Dschihadisten und unter denen mehrheitlich der Nusra-Front an, die größten Kontingente wie die Saudis und die Marokkaner hatten aber auch eigene Gruppen wie die »Falken der Größe« (Suqur al-Izz) und »Syrien des Islam« (Sham al-Islam).

Das Auftreten von ISIS sorgte unter den Ausländern für große Verwirrung, dennoch schlossen sich nun die meisten von ihnen der neuen Organisation an – einigen Quellen zufolge bis zu achtzig Prozent.[21] Dies war ein deutliches Indiz dafür, dass die Baghdadi-Organisation schon 2013 al-Qaida den Rang abzulaufen drohte. Viele der jungen ausländischen Freiwilligen scheinen im ISIS und später im IS eher das terroristische Original von al-Qaida zu finden. Die von al-Qaida unterstützte Nusra-Front bemühte sich so sehr um die Unterstützung der Bevölkerung und verbündeter Gruppen, dass sie vielen gar nicht mehr als dschihadistische Gruppierung erkennbar war. Demgegenüber erwiesen sich der radikale Schiitenhass des ISIS, sein Alleinvertretungsanspruch sowie die brutale Gewalt gegen alle Gegner des wahren Glaubens und bei der Durchsetzung seiner Ziele als das weitaus attraktivere Modell.

Der Zulauf ausländischer Kämpfer steigerte die Kampfkraft des ISIS enorm. Ein Grund hierfür war, dass die teils hoch ideologisierten Freiwilligen sich bereitwillig als Selbstmordattentäter zur Verfügung stellten. Für die ISIS-Strategie waren sie ein wichtiges und oft genutztes Mittel, den Weg für die eigenen Einheiten freizusprengen und die Gegner zu demoralisieren, und seit Frühjahr 2013 nahm die Zahl dieser Anschläge rasch zu. Überdies reisten auch militärisch besser ausgebildete Freiwillige mit Kampferfahrung nach Syrien, die die Aufständischen insgesamt und den ISIS im Besonderen enorm stärkten. In erster Linie waren dies sogenannte Tschetschenen, bei denen es sich jedoch um Kämpfer aus verschiedenen Kaukasusrepubliken und -staaten handelte. Dass Tschetschenen überhaupt in Syrien kämpften, war eine dramatische Neuentwicklung. Denn trotz aller anderslautenden Gerüchte hatten sie bislang nie außerhalb ihrer Herkunftsregion gekämpft; in Afghanistan beispielsweise waren nie Tschetschenen gefangen genommen oder getötet worden.

Der wichtigste Grund für die Präsenz der Tschetschenen in Syrien war, dass die dschihadistischen Gruppen in Tschetschenien und dem Nordkaukasus selbst gegenüber ihrer Hochzeit zwischen 1995 und 2006 stark geschwächt waren. Seit dem Ende des zweiten Tschetschenienkrieges (ca. 2002) operierten sie kaum noch in dem Land selbst, sondern sind auf die Nachbarrepubliken ausgewichen, in denen sie zahlreiche Anschläge verübten, deren Zahl jedoch seit 2010 wieder stark nachgelassen hat. Seit 2007 werden die Dschihadisten in der Region von dem »Islamischen Emirat Kaukasus« angeführt, das aber nicht mehr als ein loses Bündnis einzelner lokaler Gruppierungen (die nach dem arabischen Wort für Gruppe *dschamaat* genannt werden) ist.[22] Nichtsdestotrotz verüben die kaukasischen Dschihadisten von Zeit zu Zeit teils sehr spektakuläre und opferreiche Anschläge auf die Transportinfrastruktur (Flughäfen, Bahnhöfe, Eisenbahnen und Busse) im russischen Kernland. Diese können allerdings nicht überdecken, dass der bewaffnete Kampf gegen Russland in einer Sackgasse steckt und es selbst für gut ausgebildete Kämpfer kaum mehr möglich ist, in den Nordkaukasus einzudringen, um dort aktiv zu werden.

Dass die Kaukasier sich für den bewaffneten Kampf in Syrien begeistern konnten, dürfte vor allem daran liegen, dass sie dort mit dem Assad-Regime einen wichtigen russischen Verbündeten bekämpfen. Einige von ihnen haben schon am Krieg gegen die Russen im Nordkaukasus teilgenommen, andere haben in ihren Heimatländern eine reguläre militärische Ausbildung durchlaufen, was dazu führte, dass sie sich in vielen Schlachten im syrischen Bürgerkrieg als besonders effektive Kämpfer erwiesen. Die wichtigste tschetschenische Gruppierung war lange Zeit die »Armee der Auswanderer und Unterstützer« (Dschaish al-Muhadschirin wa-l-Ansar), die seit 2012 an Gefechten in und um Aleppo beteiligt war. Ihr Anführer war Abu Umar ash-Shishani (alias Tarkhan Batirashvili) aus dem Pankisi-Tal in Georgien, der bis heute der bekannteste kaukasische Syrien-Kämpfer geblieben ist.[23] Das Auftreten des ISIS führte zu heftigen Debatten innerhalb der »Auswandererarmee«, die im Sommer 2013 zum Bruch führten, als Abu Umar sich dem ISIS anschloss, indem er Abu Bakr al-Baghdadi Treue schwor. Viele tschetschenische Kommandeure lehnten diesen Schritt ab, weil sie ihn mit einem Gefolgschaftseid für unvereinbar hielten, den sie auf das Islamische Emirat Kaukasus und dessen Anführer Dokku Umarov geschworen hatten. Abu Umar ash-Shishani spaltete sich daraufhin mit einigen hundert Mann von der »Armee der Auswanderer und Unterstützer« ab. Spätestens ab Anfang August 2013 trat er als »Militärführer« (al-amir al-askari) des Islamischen Staates im Norden Syriens auf und beteiligte sich mit seinen Kämpfern in den nächsten Monaten an den meisten großen Militäraktionen des ISIS.

8

»Die Schlacht zwischen Glauben und Unglauben«: Deutsche und Europäer beim IS

I m April 2014 tauchte auf einschlägigen Webseiten ein fast einstündiges Video mit dem Titel »Der islamische Staat von Irak und Sham« des deutschen Dschihadisten Denis Cuspert alias Abu Talha al-Almani auf, in dem er an verschiedenen Orten in dem vom ISIS beherrschten Gebiet in Nordsyrien zu sehen ist und der Organisation öffentlich Treue schwört. Der Berliner Ex-Rapper erläutert in diesem Video seinen Zuschauern, dass er seine deutsche Staatsbürgerschaft abgelegt und die des ISIS angenommen habe. Der Grund für diesen Schritt sei, dass der ISIS dabei sei, genau jenen Staat aufzubauen, den sich die Muslime seit hundert Jahren wünschten. Er werde deshalb von der ganzen Welt bekämpft und er, Cuspert, sei nach Syrien gegangen, um seinen Glaubensbrüdern in ihrem Kampf zur Seite zu stehen. In einer Anspielung auf die ausländischen Unterstützer des Assad-Regimes sagt Cuspert, die Feinde der Dschihadisten seien »Teufel« (shayatin), die aus Russland, dem Iran, Irak und Libanon nach Syrien gekommen seien. Es sei überliefert, dass die entscheidende Schlacht zwischen Unglauben (kufr) und Glauben (iman), Gut (haqq) und Böse (batil) in Syrien stattfinden und zum Jüngsten Tag führen werde.

Zunächst aber würden sich die Mudschahidin nach dem Sieg in Syrien Palästina zuwenden, um Jerusalem zu erobern. Anschließend wollten sie nach Saudi-Arabien marschieren und daraufhin in einem beispiellosen Siegeszug die gesamte Gemeinschaft der Muslime (umma) befreien.[1]

Das Video war der erste Beleg, dass der prominente deutsche Propagandist sich dem IS angeschlossen hatte, und ließ vermuten, dass weitere Deutsche es ihm gleichgetan hatten. Besonders besorgniserregend war, dass der Aufruf Cusperts, nach Syrien zu kommen und sich dem ISIS anzuschließen, bei vielen deutschen Dschihadisten verfing. Die Zahl der Syrien-Reisenden war seit 2012 stetig gewachsen und erreichte Anfang 2015 geschätzte 550 Personen. Auffällig war, dass der im Januar 2014 einsetzende offene Konflikt zwischen dem ISIS und seinen Gegnern, der die Einreise nach Syrien schwieriger und gefährlicher machte, nicht dazu führte, dass sich die Zahl der Ausreisen verringerte. Dies lag daran, dass seit 2013 der Wunsch, in einem »islamischen Staat« zu leben, ein mindestens ebenso wichtiges Motiv zur Ausreise war wie das Bedürfnis, den bedrängten Muslimen in Syrien zu Hilfe zu kommen. Der ISIS machte aber gerade damit Werbung, dass ein solcher Staat in seinem Herrschaftsgebiet entstehe und hier ein Leben nach den Vorstellungen der Salafisten möglich sei. Dies war auch der Tenor des Videos mit Denis Cuspert, und immer mehr Deutsche reisten nun zum IS. Ihr Kontingent dürfte Anfang 2015 mindestens mehrere Dutzend Mann stark gewesen sein, und es war sogar die Rede von einer »deutschen Brigade Millatu Ibrahim«, die sich als Teil des IS gebildet habe. Diese deutsche Einheit hatte ihren Ursprung in den Aktivitäten eines engen Weggefährten von Denis Cuspert, des Österreichers Mohamed Mahmoud.

Der »Austro-Islamist« und der Irak

Wie zentral Mohamed Mahmoud für die deutschen Dschiha-disten ist, deutete Denis Cuspert in seinem Video an, in dem er den Österreicher seinen »Shaikh« und damit als religiöse Autorität und sich selbst übergeordnet nannte. Der aus Ägypten stammende, 1985 geborene Mahmoud soll bereits 2003 in den Irak gereist sein, um sich dort den Aufständischen anzuschließen, musste aber, nachdem er unter unbekannten Umständen verletzt worden war, wieder abreisen. In den nächsten Jahren wurde er zum wichtigsten dschihadistischen Internetaktivisten im deutschsprachigen Raum. Ende 2005 gründete er in Wien die deutsche Sektion der Globalen Islamischen Medienfront (Global Islamic Media Front, GIMF), die gut ein Jahr vorher entstanden war, um die Dschihadisten weltweit propagandistisch zu unterstützen. Mahmoud und seine Mitstreiter veröffentlichten in den folgenden Jahren zahlreiche deutsche Übersetzungen dschihadistischer Literatur im Internet und wurden so zu Wegbereitern des Dschihadismus in Deutschland.

Mahmoud selbst wollte immer mehr sein als ein Propagandist und rief zu Anschlägen während der Fußball-Europameisterschaft in Österreich und der Schweiz 2008 auf und veröffentlichte mehrfach offene Drohungen. Besondere Aufmerksamkeit erregte ein Video, das er im März 2007 auf die Webseite der GIMF stellte und in dem er Deutschland und Österreich mit Anschlägen drohte, sollten sie ihre Truppen nicht aus Afghanistan zurückziehen.

»Die Teilnahme Deutschlands an dem Krieg der Verlierer-staaten von Amerika gegen den Islam und die Muslime wird zu nichts führen, außer dass es zu mehr Drohungen kommt und dass Deutschland Gefahren in seinem eigenen Land erleben wird ... O deutsche Regierung: Deutschland ist ein starkes Wirtschaftsland und war bis vor kurzer Zeit ein sicheres Land ... Ist es nicht dumm, dass Ihr die Mujahedin dazu motiviert, Operationen in Eurem Land zu führen? Mit Eurem Beistand und Eurer grenzenlosen Unterstützung für Amerika habt Ihr die, die Ihr Terroristen nennt, dazu motiviert, Euch anzugreifen ... Dies ist der Ratschlag, denn wir geben Euch Zeit; zieht Eure Soldaten von den Ländern der Muslime ab, und zieht Eure Unterstützung für Bush und seine Leute zurück, denn dies ist sicherer für Euch und Eure Interessen.«[2]

Durch diese unverhüllten Drohungen geriet Mahmoud ins Visier der österreichischen Sicherheitsbehörden und wurde 2007 wegen Mitgliedschaft in einer terroristischen Vereinigung zu vier Jahren Haft verurteilt. Doch bis dahin hatte er der deutschen Internetszene bereits den Weg bereitet. Die Globale Islamische Medienfront arbeitete unter der Führung deutscher Propagandisten weiter – und Mahmoud wurde durch das Gerichtsverfahren und seine Zeit im Gefängnis zu einem Star der Szene. Als er 2011 entlassen wurde, nutzte er seine Kontakte zu deutschen Unterstützern, um nach Berlin zu übersiedeln. Gemeinsam mit Denis Cuspert gründete er dort die Gruppe »Millatu Ibrahim« (Die Gemeinschaft Abrahams), die auf einer gleichnamigen Webseite dschihadistische Propaganda verbreitete. In den nächsten Monaten erregte Millatu Ibrahim in Deutschland große Aufmerksamkeit, denn die Gruppe übernahm eine kleine Moschee in Solingen und beteiligte sich an gewalttätigen Demonstrationen in Solingen und Bonn Anfang Mai 2012, bei denen Polizisten angegriffen und teils schwer verletzt wurden.

Überdies waren es Mahmoud und seine GIMF, die die Irak- und Zarqawi-Begeisterung unter den deutschen Dschihadisten anfachten und damit deren spätere Hinwendung zum IS propagandistisch vorbereiteten. Denn die Gruppe veröffentlichte bereits in ihrer Frühzeit besonders viel Material der irakischen al-Qaida beziehungsweise des ISI und der irakisch-kurdischen Ansar al-Islam. Die ausgeprägte Sympathie Mahmouds für die irakischen Dschihadisten zeigte sich auch, als er im Juni 2007 die »Medienschwertkampagne« ausrief. In der Erklärung forderte er nicht nur alle Unterstützer der GIMF auf, ihre medialen Aktivitäten auszubauen und zu intensivieren, sondern verlangte von allen irakischen Gruppierungen, sich dem ISI unterzuordnen.[3] Mahmoud ließ auch ideologisch eine deutliche Affinität zu Zarqawi und vor allem dessen Mentor Abu Muhammad al-Maqdisi erkennen. Dies spiegelte sich vor allem in der Benennung »Millatu Ibrahim« nach einem Hauptwerk des jordanischen Vordenkers und in zahlreichen Äußerungen Mahmouds wider, in denen er sich zu dessen Ideen bekannte. Da war es auch kein Zufall, dass der Österreicher die Fahne des ISI mit Glaubensbekenntnis und Prophetensiegel – die die irakische al-Qaida bereits seit 2004 verwendete – als Logo von Millatu Ibrahim nutzte und sich Abu Usama *al-Gharib* (der Fremde) nannte, ebenso wie sein großes Vorbild Abu Musab az-Zarqawi.[4]

Die deutschen Behörden reagierten nervös auf die Aktivitäten des Österreichers, der seiner Ausweisung im April 2012 zuvorkam, indem er sich nach Ägypten absetzte. Über Libyen reiste Mahmoud später in die Türkei, wo er im März 2013 verhaftet wurde, bevor er nach Syrien ausreisen konnte. Für die nächsten achtzehn Monate blieb er in türkischer Haft, sodass sein endgültiger Anschluss an ISIS warten musste. In der Zwischenzeit übernahm sein Berliner Freund Cuspert die propagandistische Führung des deutschen Kontingents in der Baghdadi-Organisation. Mit angestoßen von Mahmoud hatte sich auch die deutsche dschihadistische Szene seit 2006 enorm weiterentwickelt.

Die deutschen Dschihadisten

Für die deutschen Dschihadisten war der Konflikt im Irak lange Zeit eher ein Nebenschauplatz und die irakische al-Qaida unerreichbar. In den späten 1990er und frühen 2000er Jahren hatte stattdessen eine starke Tschetschenien-Begeisterung die ersten Rekruten aus Deutschland erfasst, und der Wunsch, den Tschetschenen in ihrem Kampf gegen die russischen Truppen beizustehen, war weit verbreitet. Dies galt schon für die Hamburger Zelle, die mit Mohammed Atta, Marwan ash-Shehhi und Ziad Jarrah drei der vier Piloten bei den Anschlägen vom 11. September 2001 stellte. Sie suchten ursprünglich nach Wegen in den Nordkaukasus, wurden aber belehrt, dass sie ohne militärische Ausbildung nicht dorthin reisen konnten, und begaben sich deshalb 1999 zur al-Qaida nach Afghanistan. In den folgenden Jahren propagierte eine kleine Gruppe von Dschihadisten um den Prediger Yahia Yusuf im Multikulturhaus in Neu-Ulm den bewaffneten Kampf an der Seite der tschetschenischen Rebellen. Vier Freiwillige aus der Stadt schafften es tatsächlich bis ins Kriegsgebiet, wurden jedoch im Oktober und November 2002 von russischen Truppen aufgerieben. Unter den Toten war mit Thomas »Hamza« Fischer der erste ethnische Deutsche, der im bewaffneten Kampf der Dschihadisten ums Leben kam.[5]

Doch während es zumindest ein kleines Netzwerk gab, über das junge Deutsche nach Tschetschenien reisen konnten, wenn sie denn militärische Fähigkeiten vorweisen konnten, scheint es nach den Verhaftungen der Mitglieder der deutschen Tauhid-Zelle Anfang 2002 keine Kontakte mehr zu Zarqawi im Irak gegeben zu haben. Trotzdem beobachteten deutsche Unterstützer und Sympathisanten die Aktivitäten des Jordaniers genau. Der marokkanische Internetaktivist Radwan al-Habhab aus Kiel beispielsweise half Landsleuten dabei, von Marokko in den Irak zu reisen, um sich der Zarqawi-Gruppe anzuschließen. Überdies plante er 2005/2006, eine eigene terroristische Gruppe zu bilden, und verwies in Diskussionen mit seinen zweifelnden Freunden darauf, dass Abu Musab az-Zarqawi in Herat ebenfalls nur fünf Gefolgsleute versammelt hatte, aus diesem Kern jedoch die stärkste Terrorgruppe der Welt geworden sei. Auch die sogenannte Sauerland-Gruppe, die im September 2007 verhaftet wurde, als drei ihrer vier Mitglieder begonnen hatten, Sprengstoff für Anschläge in Deutschland herzustellen, hatte 2006 versucht, sich den Aufständischen im Irak anzuschließen. Ihre Anführer Fritz Gelowicz und Adem Yilmaz wollten ursprünglich ebenfalls nach Tschetschenien, änderten aber ihre Pläne und reisten nach Damaskus, wo sie auf eine Möglichkeit hofften, in den Irak ausreisen zu können. Erst als das scheiterte, suchten sie einen Weg nach Pakistan, wo sie sich der usbekischen Islamischen Dschihad Union (IJU) anschlossen, die sie zurück nach Deutschland schickte, damit sie dort Anschläge verübten.[6]

Fehlende Kontakte und möglicherweise auch fehlende Arabisch-Sprachkenntnisse der deutschen Dschihadisten verhinderten, dass sie sich der irakischen al-Qaida anschlossen. Dennoch spielte der Irakkrieg eine wichtige Rolle bei der Radikalisierung der deutschen Szene. Die Empörung über die amerikanisch-britische Invasion war auch bei vielen deutschen Islamisten groß, und zahlreiche Internetaktivisten verbreiteten dschihadistische Propaganda zu dem Thema. Um die Mitte der 2000er Jahre erschienen – teilweise aus dem Umfeld der GIMF und Mohamed Mahmouds – die ersten Übersetzungen der Schriften des Zarqawi-Mentors Abu Muhammad al-Maqdisi, die großen Einfluss auf die ideologische Entwicklung der deutschen dschihadistischen Szene hatten.

Deutsche Dschihadisten reisten trotzdem nicht in den Irak, sondern ab 2006 nach Pakistan, wo sie sich mehrheitlich usbekischen Gruppen anschlossen. Ein wichtiger Grund dafür dürfte die Sprache gewesen sein, denn unter den ersten Ausreisenden waren viele Türken und Türkischstämmige, die kein Arabisch sprachen, sich mit den Usbeken – die eine mit dem Türkischen verwandte Sprache sprechen – aber ohne weiteres verständigen konnten. Ein weiterer Grund war, dass die Sauerland-Gruppe, während sie ihre Anschläge 2007 vorbereitete, Freunde und Bekannte für die IJU rekrutierte und auf dem nun bekannten Weg über die Türkei und den Iran nach Pakistan schickte. Die »Sauerländer« wurden damit zu wichtigen Pionieren des deutschen Dschihadismus, denn sie eröffneten deutschen Freiwilligen erstmals in größerer Zahl die Möglichkeit, sich Organisationen anzuschließen, die in Afghanistan und in Pakistan an der Seite der Taliban kämpften. Nachdem der Weg nach Pakistan gefunden war, spielte der Irak als Reiseziel überhaupt keine Rolle mehr. Die Zahl deutscher Dschihadisten, die nach Pakistan reisten, wuchs schnell an; allein 2009 waren es fast vierzig, die sich der IJU, der Islamischen Bewegung Usbekistans (IBU) und auch der al-Qaida anschlossen. Im September 2009 gründeten einige Aktivisten dort mit den Deutschen Taliban Mudschahidin sogar die erste rein deutsche Dschihadistengruppe, die Anschläge auf deutsche Ziele verüben wollte.[7]

Doch so bedrohlich diese Entwicklung schien, sie endete rasch, da die ständigen amerikanischen Drohnenangriffe in den pakistanischen Stammesgebieten die al-Qaida stark schwächten. Die Organisation verlor ab 2008 rund zwei Dutzend wichtige Funktionäre und war immer weniger in der Lage, die Verluste auszugleichen. Deshalb entschied sie sich spätestens 2010 dafür, ins benachbarte Afghanistan auszuweichen, wo die Lage in einigen Provinzen nahe der pakistanischen Grenze deutlich weniger gefährlich war. Außerdem nahm sie keine Rekruten aus der westlichen Welt mehr in ihren Ausbildungslagern auf, denn diese wurden entweder zu Opfern der Luftangriffe oder nach der Rückkehr von den Sicherheitsbehörden ihrer Heimatländer verhaftet. Freiwillige, die es trotzdem bis in die pakistanischen Stammesgebiete schafften, sollten schnell zurückgeschickt werden und in Europa und in Afrika neue Strukturen aufbauen.

Mehrere Europäer, die sich damals im pakistanischen Nordwaziristan aufhielten, wurden mit Aufträgen für eine ganze Reihe von Anschlägen nach Großbritannien und Deutschland sowie in ihre Heimatländer in Skandinavien zurückgeschickt. Als erste nachrichtendienstliche Informationen über den »Europlot«, wie die Planungen von den deutschen Medien getauft wurden, öffentlich wurden, war die Aufregung groß. Am 17. November 2010 warnte der damalige Innenminister Thomas de Maizière in für ihn sehr untypischer, weil dramatischer Weise vor einem möglicherweise bevorstehenden Anschlag in Deutschland. Die Sicherheitsvorkehrungen an Bahnhöfen und Flughäfen und im Berliner Regierungsviertel wurden hochgefahren.

Alle fraglichen Pakistan-Rückkehrer wurden in den nächsten Monaten verhaftet und in den Folgejahren zu teils langen Haftstrafen verurteilt. In Pakistan und in Afghanistan selbst hielten sich nur noch versprengte Reste des ehemals starken deutschen Kontingents auf, sodass die von al-Qaida ausgehende Gefahr schnell gebannt schien. Diese Entspannung der Lage schien vielen das Ende der al-Qaida einzuläuten, zumal am 2. Mai 2011 auch noch der Gründer und langjährige Führer der Organisation von amerikanischen Elitesoldaten in seinem Versteck im pakistanischen Abbottabad aufgespürt und getötet wurde. Fast zehn Jahre nach den Attentaten des 11. September 2001 in New York und Washington endete eine Ära in der Geschichte des islamistischen Terrorismus, doch kurz darauf brach eine neue an. Denn ab Anfang 2011 begannen die Proteste des Arabischen Frühlings, die zum Sturz der Diktatoren in Tunesien und Ägypten führten, in Libyen und Syrien aber blutige Bürgerkriege auslösten. Zwar zeigten die Ereignisse, dass die Dschihadisten in der Politik ihrer Heimatländer vollkommen irrelevant waren – nirgendwo gelang es ihnen Einfluss auf frühe Proteste und Unruhen zu nehmen –, doch nutzten sie rasch und entschlossen die Handlungsmöglichkeiten, die ihnen die zunehmende Instabilität in der gesamten Region bot. Syrien und Libyen wurden zu neuen Schlachtfeldern, und je länger die Konflikte andauerten, desto stärker wurden die Dschihadisten.

Cuspert, Millatu Ibrahim und die Öffentlichkeitsarbeit des IS

Es war die Gruppe Millatu Ibrahim, die die Verbindung zwischen den Ereignissen in Ägypten, Libyen und Syrien und der nun deutlich erstarkten dschihadistischen Szene in Deutschland herstellte. Mahmoud sorgte 2012 von seinem ägyptischen Exil aus dafür, dass viele Mitglieder der Gruppe nach Ägypten reisten, wo sie sich wiedervereinten und nur mehr schlecht als recht überwacht werden konnten. Besonders wichtig für die anschließende deutsche Präsenz in Syrien wurden die Aktivitäten des Berliners Cuspert, der als eine Art rechte Hand Mahmouds und ideologischer Einpeitscher der Gruppe fungierte. Während Mahmoud die Gruppe anführte und sich als Prediger zu präsentieren suchte, übernahm Cuspert die direkte Ansprache der Gefolgsleute und vielleicht auch die Führung eines deutschen Kontingents.

Cuspert hatte sich 2011 bereits einen Namen gemacht. Der 1975 geborene Sohn einer Deutschen und eines Ghanaers war in Kreuzberg aufgewachsen und dort als Kleinkrimineller bekannt, bevor er begann, sich als Gangsterrapper Desodogg einen Ruf zu erwerben.[8] Obwohl er in der Szene ein Begriff war und einen Plattenvertrag hatte, gelang es Cuspert nicht, mit der Musik seinen Lebensunterhalt zu verdienen. Seine musikalische Begabung und sein geübtes Auftreten vor der Kamera machten ihn jedoch zu einer Ausnahmeerscheinung in der deutschen dschihadistischen Szene. Zu einem unbekannten Zeitpunkt vor Februar 2010 schloss sich Cuspert den Salafisten an, ohne schon eindeutig in das gewalttätige Spektrum zu gehören. Vielmehr scheint es so, als hätten mehrere Prediger sein Potenzial erkannt und um seine Gunst gebuhlt, bis sich Mahmoud 2011 durchsetzte.

Cusbert und Mahmoud ergänzten sich in fast idealer Weise: Mahmoud konnte auf eine lange Erfahrung in der dschihadistischen Propaganda zurückblicken, kannte sich gut in der Ideologie aus und hatte für die gemeinsame Sache im Gefängnis gesessen. Vermutlich hatte er bis zu seiner ersten Verhaftung 2007 auch Kontakte zu tatsächlichen Terroristen im Irak. Seine öffentlichen Auftritte hingegen waren eher enttäuschend, denn er ist klein und aufgedunsen, wirkt fahrig, oft sogar wirr, und sein schlechtes Deutsch (mit österreichischem Akzent) verstärkt den Eindruck, ihn nicht ganz ernst nehmen zu müssen. Cuspert dürfte Mahmoud zwar intellektuell unterlegen sein, ist dafür aber eine imposante und durchtrainierte Erscheinung, spricht den Jugendslang der Berliner Problemviertel und kann seine Zuhörer mitreißen – mit dem Ergebnis, dass er nicht nur in der Bundeshauptstadt eine regelrechte Fangemeinde hat. Statt zu rappen begann der Berliner nun, Dschihadhymnen zu singen, die im Arabischen *nashid* (Pl. *anashid*) genannt werden – die einzige Musik, die den Dschihadisten erlaubt ist. Gemeinsam wurden Mahmoud und Cuspert innerhalb weniger Monate zu zentralen Identifikationsfiguren der deutschen Szene. Doch während Mahmoud im März 2013 in der Türkei verhaftet wurde, gelang es Cuspert, sich nach Syrien durchzuschlagen, wo er sich spätestens im April 2014 dem IS anschloss.

Cuspert tat bei der irakischen Organisation genau das, was er am besten konnte: Videos und Dschihadgesänge produzieren, um damit neue Rekruten für den Kampf in Syrien und im Irak zu gewinnen. Tatsächlich ist Öffentlichkeitsarbeit neben den Selbstmordattentaten die wichtigste Funktion der Kämpfer aus Europa und der westlichen Welt und für die Organisation selbst ein besonders bedeutendes Arbeitsfeld. Der IS schließt mit seiner hochmodernen Medienarbeit nahtlos an die seiner Vorgängerorganisationen an, die schon unter der Führung Abu Musab az-Zarqawis zu Vorreitern der dschihadistischen Propaganda wurden. Der IS nutzt wie bereits die irakische al-Qaida modernste Technik für die Produktion seiner Videos, seit 2014 sogar kleine, mit Kameras ausgestattete Drohnen, die Luftbilder anfertigen können.[9] Es geht der Organisation darum, die eigene Macht zu demonstrieren, um so ihre Gegner einzuschüchtern, und neue Anhänger zu rekrutieren, aber auch darum, die Behauptung zu untermauern, dass sie tatsächlich einen islamischen Staat begründet habe.[10] Dabei ist den IS-Propagandisten wie schon Zarqawi jedes Mittel recht, um möglichst große Aufmerksamkeit zu erzielen. Besonders erfolgreich sind sie mit Videos brutaler Hinrichtungen, bei denen den Opfern meist vor laufender Kamera mit einem Messer die Kehle durchgeschnitten und der Kopf abgetrennt wird. Weltweites Entsetzen erregte die Exekution des amerikanischen Journalisten James Foley im August 2014, kurz nach Beginn der amerikanischen Luftangriffe auf IS-Ziele im Irak. Die Entführer hatten ihr Opfer – wie schon 2004 Nicholas Berg – in einen orangefarbenen Overall gekleidet, um den Mord als Vergeltung für die amerikanischen Verbrechen in Guantanamo oder Abu Ghraib darzustellen. Es folgten ähnliche Enthauptungen des US-amerikanischen Journalisten Steven Sotloff und des britischen Mitarbeiters einer Hilfsorganisation David Haines im September, des britischen Taxifahrers Alan Henning im Oktober und des US-amerikanischen Entwicklungshelfers Peter Kassig im November 2014. Die öffentliche Wirkung der Morde wurde dadurch verstärkt, dass der IS einen englischen Muttersprachler zum Scharfrichter bestimmte, der vermummt jeweils eine kurze Ansprache hielt und in den britischen Medien als »Jihadi John« bekannt wurde.[11] Die Morde an den US-Amerikanern dürften zusätzlich zum Ziel gehabt haben, die Obama-Administration und die britische Regierung zu provozieren, Bodentruppen zu entsenden. Denn im Kampf gegen eine erneute westliche Intervention hätte sich die Organisation an die Spitze der dschihadistischen Bewegung setzen können.

Die große Aufmerksamkeit für die getöteten US-Amerikaner und Briten verdeckte ein wenig, dass der IS auch irakische und syrische Militärs routinemäßig enthauptet, um auf diese

Weise seine Gegner vor Ort einzuschüchtern. Im November 2014 verbreitete der IS wiederum ein besonders brutales Video, auf dem achtzehn syrische Offiziere und Piloten von je einem IS-Kämpfer vorgeführt werden. Jeder der Kämpfer nimmt sich ein Jagdmesser und schneidet auf das Kommando von Jihadi John seinem lebenden Opfer den Kopf ab. Nur der Brite war erneut vermummt, sodass unter den restlichen Tätern die zwei französischen Konvertiten Maxime Hauchard und Michael dos Santos sowie ein belgischer Dschihadist namens Abdelmajid Gharmaoui identifiziert werden konnten.[12] Bei diesem Video handelte es sich um eine Weiterentwicklung bereits bekannter Aufnahmen, in denen immer wieder syrische und irakische Soldaten getötet wurden. In einigen wird gezeigt, wie die Opfer ihre eigenen Gräber schaufeln und dabei die jeweiligen Regierungen in Damaskus und Bagdad schmähen mussten. In anderen trieben IS-Kämpfer junge Rekruten zu Dutzenden oder gar Hunderten zusammen, erschossen sie und verscharrten sie in Massengräbern. Diese Videos zeigten durchaus Wirkung, wie sich beispielsweise nach dem Fall der Militärbasis der »17. Division« im Juli 2014 in der Nähe von Raqqa zeigte. Der IS veröffentlichte kurz darauf eine Filmaufnahme, die die Ermordung mehrerer Dutzend alawitischer Soldaten zeigte. Daraufhin protestierten viele Alawiten in den Heimatgemeinden der jungen Männer gegen das Regime, weil es angeblich nichts zu ihrer Evakuierung unternommen hatte.

Der IS versucht in seiner Öffentlichkeitsarbeit noch einen Schritt weiterzugehen und zu beweisen, dass er tatsächlich ein islamischer Staat mit allen Insignien der Souveränität – Kontrolle über Territorium, viel Geld und schwere Waffen – ist und damit das Ziel erreicht hat, das Dschihadisten seit jeher verfolgt hätten. Um diese Botschaft zu kommunizieren, veröffentlicht der IS arabischsprachige Tätigkeitsberichte aus den einzelnen Provinzen sowie Bilder und Videos staatlicher Einrichtungen wie Gerichtshöfen und der Religionspolizei und gibt seit Juli 2014 ein anspruchsvoll gestaltetes englischsprachiges Online-Magazin namens *Dabiq* heraus, von dem einige Ausgaben auch auf Deutsch und in anderen Sprachen erscheinen.[13] In der ersten Ausgabe ging es vor allem um die religiöse Rechtfertigung des Kalifats, Beweise für seine tatsächliche Existenz und Dauerhaftigkeit, verbunden mit Aufrufen an gleichgesinnte Muslime, sich den Dschihadisten anzuschließen.[14] In den folgenden Nummern fanden sich Texte ähnlicher Art, aber auch immer mehr Berichte über die Aktivitäten der Organisation in den einzelnen Provinzen.

Allein die Tatsache, dass der IS beträchtliche Ressourcen investierte, um ein fremdsprachiges Magazin zu produzieren, zeigt, wie sehr ihm daran gelegen ist, Rekruten aus westlichen Ländern zu gewinnen. Diesem Zweck dienen auch die Auftritte von Denis Cuspert. Die Organisation bemüht sich, Identifikationsfiguren aus möglichst vielen Ländern aufzubauen, die in ihrer jeweiligen Landessprache in Videos auftauchen, die wiederum über die neuen sozialen Medien wie vor allem Twitter verbreitet werden. Die wichtigste Figur dieser Art ist Jihadi John, dessen Auftritte bei der Hinrichtung amerikanischer und britischer Geiseln den Druck auf die britische Regierung erhöhten, militärisch gegen den IS vorzugehen. Die beiden französischen Konvertiten und der Belgier, die an der Ermordung der syrischen Offiziere beteiligt waren, spielen eine ähnliche Rolle im französischen Sprachraum. Ein kanadischer Konvertit namens André Poulin wurde vom IS sogar posthum gefeiert und als Rekrutierer eingesetzt, nachdem er im August 2013 getötet worden war.[15] Für Deutschland gab es neben Denis Cuspert den Konvertiten Philip Bergner (alias Abu Usama al-Almani) aus Dinslaken, der in mehreren Videos erschien, bevor er im August 2014 bei einem Selbstmordattentat in der Nähe von Mossul umkam. Hunderte ausländische Kämpfer sprengten sich in den letzten Jahren in die Luft, unter ihnen mit mindestens acht Deutschen – die Dunkelziffer dürfte noch höher sein – so viele wie nie zuvor.

Die Europäer und die Deutschen beim IS

Seit Cuspert 2013 begann, von Syrien aus zum Kampf auf dem »neuen Boden der Ehre« aufzurufen, stieg die Zahl der deutschen Freiwilligen immer schneller an. Anfang 2015 sprachen die deutschen Sicherheitsbehörden bereits von 550 Personen, die sich seit 2012 nach Syrien aufgemacht hatten, fast alle, um sich dschihadistischen Gruppen anzuschließen – seit 2013 offenbar mehrheitlich dem ISIS. Dies dürfte nicht zuletzt den Propagandaaktivitäten Cusperts und seiner Kollegen geschuldet sein, die spätestens ab Frühjahr 2014 offen für die irakisch-syrische Organisation warben. Es gab sogar deutliche Hinweise, dass es eine deutsche Einheit von einigen Dutzend ISIS-Kämpfern gab, die sich »deutsche Brigade Millatu Ibrahim« nannte.[16] Viele dieser Freiwilligen scheinen schon in Deutschland zu Millatu Ibrahim gehört zu haben und bildeten nun den Nukleus der deutschen Präsenz in Syrien und im Irak.

Noch bedrohlicher war, dass die Deutschen kein Einzelfall waren. Insgesamt mehr als 3000 Europäer waren seit 2012 nach Syrien gereist, wobei Frankreich mit um die 1000 und Großbritannien mit einer etwas niedrigeren Zahl die größten Kontingente stellten. Damit waren schon Ende 2014 weit mehr

junge Europäer nach Syrien gereist als in den vorangegangenen Jahrzehnten nach Afghanistan, Pakistan, Bosnien, Tschetschenien, Irak und Somalia zusammen. Frankreich, Großbritannien und Deutschland werden dicht gefolgt von Belgien,
von wo mindestens 200 bis 300 junge Männer und Frauen nach
Syrien gereist waren. Im Verhältnis zur Bevölkerungszahl hatten auch Dänemark und Österreich ein großes Problem. Im österreichischen Fall stellten Tschetschenen rund die Hälfte der
etwa 150 seit 2012 nach Syrien Ausgereisten.[17] Nicht nur die
meisten Deutschen, sondern generell die meisten Ausländer
schlossen sich ab 2013 dem ISIS an und wurden häufig nach
Nationalitäten und Sprachen getrennt untergebracht und in se-
paraten Kampfgruppen organisiert.

Der wichtigste Grund, nach Syrien zu reisen, war der tief
empfundene Wunsch, den bedrängten syrischen Sunniten zu
Hilfe zu kommen. Doch mit dem Auftreten des ISIS ab 2013
begann dessen Propaganda zu verfangen. Die Aussicht, in einem »islamischen Staat« nach dem Vorbild des Propheten Mohammed und der frommen Altvorderen im Mekka und Medina
des siebten Jahrhunderts zu leben, schien vielen jungen Salafisten verlockend. Nur so lässt sich erklären, dass die Zahl der
Freiwilligen selbst dann noch weiter anstieg, als es wegen der
Kämpfe zwischen den Aufständischen ab Januar 2014 immer
schwieriger wurde, sich dem ISIS anzuschließen. Die Propaganda eines Denis Cuspert und die zahlreichen Berichte über
das Leben im IS haben offenbar auf viele Sympathisanten und
Unterstützer in Europa anziehend gewirkt. Hierbei dürften neben den ideologischen Motiven auch Abenteuer- und Gewalt-
lust sowie der Wunsch, Geborgenheit in der Gruppe zu finden,
eine wichtige Rolle spielen, denn all dies bieten Propagandisten wie Cuspert ihren Rekruten an.

Ein weiterer Grund für die Attraktivität des Kampfes in Syrien könnten endzeitliche Vorstellungen sein, die in der IS-Propaganda seit 2014 eine wichtige Rolle spielen und wie sie Denis Cuspert in seinem Video vom April 2014 erwähnt, als er von der entscheidenden Schlacht in Syrien spricht, die zum Jüngsten Tag führen werde.[18] Solche Vorstellungen von einem unmittelbar bevorstehenden Weltenende gibt es unter arabischen Dschihadisten bereits seit mehreren Jahrzehnten, und einige glauben, dass sie die zum Jüngsten Tag führenden Ereignisse durch Waffengewalt beschleunigen können. So besetzte schon im November 1979 eine mindestens 300 Mann starke Gruppe mehrheitlich saudi-arabischer Kämpfer die Große Moschee von Mekka, nahm mehrere tausend Pilger als Geiseln und konnte erst nach zwei Wochen von Sicherheitskräften überwältigt werden. Einige Moscheebesetzer glaubten, dass einer ihrer Gefährten der erwartete *Mahdi* oder »Rechtgeleitete« sei. Der islamische Mahdi gleicht dem Messias in Christen- und Judentum und gilt den Sunniten als eines der Anzeichen für den kurz bevorstehenden Jüngsten Tag. Auch innerhalb der al-Qaida gab es immer eine starke Minderheitsströmung, deren Anhänger überzeugt waren, dass der Kampf der Organisation gegen den Westen die Apokalypse einleiten werde.

Die dschihadistischen Apokalyptiker beobachten die Ereignisse in Syrien seit 2011 besonders aufmerksam, weil diesem Land in den Überlieferungen eine besondere Bedeutung zukommt. Laut einer dem Propheten Mohammed zugeschriebenen Voraussagung wird vor dem Jüngsten Tag eine Schlacht zwischen Byzantinern und Muslimen nahe der Dörfer Aamaq und Dabiq nördlich von Aleppo stattfinden. Nach ihrem Sieg würden die Muslime Richtung Konstantinopel ziehen, bevor wiederum in Syrien der Kampf gegen den Antichrist begänne.[19] Die zentrale Bedeutung dieser Prophezeiung für die IS-Propaganda wird klar, wenn man bedenkt, dass das Magazin *Dabiq* nach dem Ort in Nordsyrien benannt ist, an dem die Schlacht stattfinden soll. Die Öffentlichkeitsarbeiter der Organisation verweisen denn auch immer darauf, dass schon Abu Musab az-Zarqawi auf die bevorstehende Auseinandersetzung in Dabiq verwiesen hatte: »Der Funken wurde im Irak entzündet und dessen Feuer wird fortwährend intensiviert bis es mit Allah's (sic!) Erlaubnis die Armeen der Kreuzzügler in Dabiq verbrennt.«[20]

Es ist auffällig, dass der Gedanke einer bevorstehenden Entscheidungsschlacht zwischen dem Westen und dem IS erst dann propagiert wurde, als westliche Rekruten in größerer Zahl zum IS strömten. Möglicherweise waren sie für diese Idee besonders empfänglich, vermutlich spielte aber auch eine Rolle, dass die Organisation plötzlich über viele Rekruten verfügte, die wegen ihrer fehlenden militärischen Ausbildung kaum Wert als Kämpfer hatten – also als Personal für eine ausgeweitete Öffentlichkeitsarbeit zur Verfügung standen. Wie wichtig Dabiq dem IS über die öffentliche Wirkung hinaus war, zeigte sich daran, dass er im Sommer 2014 große Anstrengungen unternahm, den im Frühjahr an die anderen Aufständischen verlorenen Ort wieder einzunehmen.[21] Nachdem dies gelungen war, produzierten die Medienmacher des IS sofort einige Videos in der Umgebung des Ortes. Eines soll das gewesen sein, in dem die achtzehn syrischen Offiziere getötet werden. Ein weiteres mit dem Titel »Botschaft aus Dabiq« zeigt drei europäische Rekruten – Abu Abdallah al-Britani (= der Brite), Abd al-Wudud al-Faransi (= der Franzose) und Abu Dawud al-Almani (= der Deutsche) –, die sich im Oktober 2014 von einem Hügel nahe Dabiq in der jeweiligen Landessprache an die Regierungen ihrer Heimatländer wenden. Bei Abu Dawud handelt es sich um den Konvertiten Michael N. aus Gladbeck in Nordrhein-Westfalen, der schon 2012 in Solingen zu Millatu Ibrahim gehört hatte. Er rief die USA auf, sich dem IS in Syrien zum Kampf zu stellen: »Wir warten auf euch! Seit 1400 Jahren warten wir auf euch! Und das Versprechen Allahs – der verehrte und erhabene – ist wahr!« Auch die Deutschen und andere Verbündete sollten nach Syrien kommen: »Das Gleiche gilt für euch, ihr Deutschen! Die schmutzige Merkel! Nachdem du deine Geschenke abgegeben hast an Israel. Versammelt ihr euch alle! Hollande, Cameron, Putin! Versammelt euch gegen die Muslime. Ihr werdet nur verlieren!«[22] Diese Aufforderungen hatten zudem einen militärischen Hintergrund. Baghdadi und andere IS-Führer riefen die USA und deren Verbündete ab August 2014 mehrfach auf, Bodentruppen zum Kampf gegen den IS zu schicken. Der IS war den ab August im Irak und in Syrien einsetzenden Luftangriffen hilflos ausgeliefert und verlor Hunderte Kämpfer und sehr viel Material; gegen Bodentruppen, so vermutete die IS-Führung, hätte sie sehr viel bessere Chancen, da sie sie in bewährter irakischer Manier bekämpfen könnte. So nutzten sie die Videos der Hinrichtungen, der Selbstmordattentate und der europäischen Propagandisten, um die Heimatländer der Opfer und der ausländischen Kämpfer zu einem Eingreifen zu provozieren.

9
Ein langer Kampf steht bevor

Wer nach dem amerikanischen Abzug aus dem Irak 2011 geglaubt hatte, die USA würden nicht zurückkommen und zögen sich nun aus dem Nahen Osten insgesamt zurück, wurde nach dem Fall von Mossul im Juni 2014 schnell eines Besseren belehrt. Die Reaktion der USA auf die große IS-Offensive vom Sommer 2014 ließ nicht lange auf sich warten. Am 8. August startete die US-Luftwaffe Angriffe auf Stellungen und Einheiten des IS im Irak. Der Anlass war, dass Kämpfer der Terrororganisation nicht nur gefährlich nahe an der Hauptstadt Bagdad operierten, sondern auch von Mossul aus auf die Hauptstadt der Kurdenregion, Erbil, vorrückten. Hinzu kam die Notlage der Jesiden – die vom IS als »Teufelsanbeter« verunglimpft, deren Männer getötet und deren Frauen versklavt werden –, von denen Zehntausende aus ihren Siedlungsgebieten westlich von Mossul in das Sindschar-Gebirge nahe der syrischen Grenze geflohen waren, um dem IS zu entkommen. Am 22. September begann die US-Luftwaffe parallele Angriffe auf den IS und andere Dschihadisten im Nachbarland Syrien. Den Ausschlag hierfür gaben die Hinrichtungen von James Foley und Steven Sotloff, die Ursache aber war der Wille, einen weiteren Vormarsch des IS zu verhindern, was mit Angriffen nur im Irak nicht möglich war. Die US-Regierung bemühte sich, eine möglichst breite Koalition zusammenzustellen, und gewann für die Luftangriffe im Irak neben Großbritannien und Frankreich auch Australien und Kanada und gegen Syrien arabische Verbündete wie vor allem die Vereinigten Arabischen Emirate, Jordanien und Saudi-Arabien. Zahlreiche andere Nationen – darunter Deutschland – halfen den irakisch-kurdischen Truppen und denen der irakischen Zentralregierung mit Waffen und Ausbildung.

Der enorme militärische, finanzielle und diplomatische Aufwand, den die USA hier betrieben, zeigt, wie groß die Sorge in Washington war, dass der IS sich zu einer größeren Bedrohung für die Region und sogar darüber hinaus entwickeln könnte. Präsident Obama gab den Angriffsbefehl trotzdem nur sehr widerwillig, denn er hatte 2008 mit dem Versprechen, den amerikanischen Krieg im Irak zu beenden und die Truppen von dort abzuziehen, Wahlkampf gemacht. Nur rund zweieinhalb Jahre nach dem Abzug Ende 2011 erneut im Irak zu intervenieren musste dem Mann im Weißen Haus als schwerer Rückschlag erscheinen. Obamas Widerwille zeigte sich schon in den Monaten vor dem Fall von Mossul. Im März und im Mai 2014 hatte der irakische Ministerpräsident Maliki von den USA Luftangriffe auf die Aufmarschgebiete und die Trainingslager erbeten sowie auf IS-Einheiten, die von Syrien in den Irak reisten.[1] Die amerikanische Regierung hatte daraufhin zwar ein Hilfspaket geschnürt, das F-16-Kampfflugzeuge, Apache-Hubschrauber, Aufklärungsdrohnen und Hellfire-Raketen umfasste, doch eine direkte Beteiligung gemieden. Als die Krise sich verschärfte, schickten die USA zusätzlich Militärberater und Geheimdienstler, aber Präsident Obama machte mehrfach deutlich, dass er auf keinen Fall erneut Bodentruppen in den Irak schicken wolle.

Die Luftangriffe im Irak und in Syrien trugen der Tatsache Rechnung, dass in beiden Ländern ein neues, zusammenhängendes Konfliktgebiet entstanden war. Erst als die Attacken auch in Syrien begannen, verlor der IS sein sicheres Rückzugsgebiet, das er immer dann hatte nutzen können, wenn er im Irak unter Druck geraten war. Doch die amerikanische Strategie behandelte beide Länder nach wie vor getrennt. Für den Irak setzte sie auf eine neue Regierung unter der Führung Haidar al-Abadis, der im September 2014 auf Druck der USA und des Iran seinen Vorgänger Nuri al-Maliki ablöste. Obwohl Abadi ebenfalls der schiitischen Daawa-Partei angehörte, verlangte Washington von ihm eine Politik des Ausgleichs gegenüber den Sunniten des Landes, zu der Maliki nie bereit gewesen war. Sie sollte die Voraussetzungen für ein militärisches Vorgehen gegen den IS schaffen, indem sie den Dschihadisten die Unterstützung der sunnitischen Bevölkerung entzog und die Rekrutierung sunnitischer Freiwilliger in eine neu zu schaffende Nationalgarde ermöglichte. Diese Einheiten sollten in den sunnitischen Provinzen nach dem Vorbild der alten »Erweckungsräte« die Hauptlast des Kampfes gegen den IS tragen.

In Syrien hingegen lehnte die Obama-Administration jede Zusammenarbeit mit dem Assad-Regime im Kampf gegen den IS ab. Vielmehr war die Idee, gemeinsam mit den arabischen Verbündeten, allen voran Saudi-Arabien, jedes Jahr 5000 Kämpfer der Freien Syrischen Armee auszubilden und zu bewaffnen, die nicht nur gegen den IS und andere Dschihadisten kämpfen, sondern auch den Druck auf Assad erhöhen sollten, damit dieser eines Tages vielleicht doch einer politischen Lösung zustimmen würde.[2] Diese Ankündigung konnte nicht darüber hinwegtäuschen, dass die amerikanische Strategie eher eine für den Irak als für Syrien war. Für den Irak war das politische Ziel klar definiert: die Stärkung einer Zentralregierung, die sich gegenüber den Sunniten öffnet und so den Weg zur erfolgreichen Bekämpfung des IS bereitet. Zwar war Ende 2014 noch vollkommen offen, inwieweit diese Strategie zum Erfolg führen würde, aber es gab zumindest die vage Aussicht auf Besserung. In Syrien hingegen hatte die US-Regierung kein klares Ziel benannt, da sie Anfang 2015 nicht mehr eindeutig auf einen Sturz Assads hinarbeitete. Zu groß schien ihr die Gefahr, dass anstelle des Tyrannen islamistische Terroristen die Macht ergreifen könnten, und zu schwach die Freie Syrische Armee, zumal sie im Herbst 2014 in der Provinz Idlib schwere Niederlagen gegen die Nusra-Front hinnehmen musste. Es stellte sich immer mehr die Frage, ob eine Förderung nichtislamistischer Gruppen militärisch und politisch überhaupt noch sinnvoll war.

In beiden Ländern ist das große Problem der USA, dass es ihnen an lokalen Verbündeten fehlt, die den Kampf am Boden aufnehmen könnten. Die Erfahrung im Irak ab 2006 hatte gezeigt, dass man sunnitische Dschihadisten am besten mit einheimischen sunnitischen Verbündeten bekämpft, doch genau daran mangelt es den USA in beiden Ländern. Zwar können die USA im Irak auf die Truppen der irakisch-kurdischen Regionalregierung zählen, diese jedoch sind den sunnitischen Arabern verhasst, sodass sie in deren Siedlungsgebieten nur sehr zurückhaltend eingesetzt werden können. Ähnliches gilt für die Einheiten der Zentralregierung, die – wenn sie denn überhaupt einsatzfähig sind – in den sunnitischen Gegenden wie in Feindesland operieren müssen. Und ob die irakischen Sunniten nach den Erfahrungen, die sie seit 2005 mit ihrer Regierung gemacht haben, für das Experiment einer »National-garde« und den Kampf gegen den IS gewonnen werden kön-nen, stand Anfang 2015 in den Sternen.

In Syrien ist die Situation noch schwieriger, denn die syri-schen Kurden werden von der PYD angeführt, die nichts ande-res ist als der syrische Ableger der PKK, die von der Türkei als große Bedrohung betrachtet wird. Verbündeten sich die USA mit der PYD, müssten sie befürchten, Probleme mit der Türkei zu bekommen, die als Partner für die Syrien- und Irakpolitik unentbehrlich ist. Und da die Freie Syrische Armee so schwach ist, dürfte es für die US-Regierung schwierig werden, einen lokalen Verbündeten zu finden. Weil die USA selbst keine Bo-dentruppen schicken wollen, diese für eine Zerschlagung des IS jedoch unabdingbar sind, ist zu befürchten, dass der IS sich zumindest in Syrien, wahrscheinlich aber auch im Irak noch lange wird halten können.

Je länger der IS ein größeres Territorium und Städte wie Mossul und Raqqa kontrolliert, desto größer wird die von ihm ausgehende Gefahr für die Nachbarstaaten – und für Europa. Die gute Nachricht ist, dass es unwahrscheinlich ist, dass der IS über die Anfang 2015 von ihm regierten Gegenden hinaus expandieren kann, die schlechte, dass auch seine Gegner vor Ort zu schwach sind, um in die Offensive zu gehen. Letzteres erlaubt der Organisation, sich einzugraben und trotz der Luft-angriffe der Amerikaner und ihrer Verbündeten ihre Kontrolle über einzelne Städte zu festigen.

Ob ihre Herrschaft in Syrien und im Irak von Dauer sein kann, wird sich erst in den kommenden Jahren zeigen. Viele Beobachter hoffen, dass die Menschen in den vom IS kontrol-lierten Gebieten sich gegen seine Schreckensherrschaft weh-ren werden. Doch hat die IS-Führung teils lange Erfahrung in der Einschüchterung der Bevölkerung, und die Gewalttaten des Jahres 2014 zielten häufig darauf ab, Widerstand schon im Keim zu ersticken. Wenn der Bevölkerung in den IS-Gebieten keine Alternative zur Herrschaft der Dschihadisten aufgezeigt wird und sie die Hoffnung auf auswärtige Hilfe verliert, ist es durchaus möglich, dass sich die Menschen zumindest vorerst mit dem IS abfinden.

Die große Schwäche des IS sind seine Finanzen und die Versorgungslage. Der IS baute 2014 auf eine Beuteökonomie, die nur funktionierte, solange die Organisation ihren Herrschaftsbereich stetig ausweitete. Sollte die Expansion aber tatsächlich stoppen und dem IS das Geld ausgehen, könnte er schnell die Kontrolle über einige Gebiete verlieren. Doch ob die Alternative dann die Rückkehr der jeweiligen Gegenden in den irakischen oder syrischen Staatsverband sein wird, ist zumindest fraglich. Es ist sehr viel wahrscheinlicher, dass der IS etwas schwächer wird und sich wieder auf seine terroristische Kernkompetenz beschränkt. In einem solchen Fall könnten vor allem in Syrien konkurrierende Kriegsfürsten die Macht übernehmen, während die Gewalt anhält oder sogar eskaliert. Es ist gut möglich, dass staatliche Autorität in weiten Teilen des Irak und vor allem Syriens in den kommenden Jahren endgültig zusammenbricht.

Die IS-Terrorgefahr

Die oberste Priorität für den IS war Anfang 2015 die Errichtung eines möglichst stabilen und großen Staates im Irak und in Syrien und weniger der Kampf gegen den Westen. Dies zeigte sich beispielsweise daran, dass Ausländer bevorzugt als

Selbstmordattentäter in diesen beiden Ländern eingesetzt werden, statt in ihre Heimatstaaten zurückgeschickt zu werden. Noch dazu veröffentlichte der IS mehrere Videos, in denen ausländische Kämpfer ihre französischen, marokkanischen oder saudi-arabischen Pässe verbrannten und so klarmachten, dass sie ihre Zukunft im »Staat« des IS sehen.

Doch bedeutet die Konzentration auf den Staatsaufbau keine Entwarnung für die Nachbarn und auch nicht für die westliche Welt. Denn will der IS seine Herrschaft festigen, muss er, schon allein um Einkünfte zu generieren, weiter expandieren. Zunächst dürfte er es in Syrien versuchen, wo er sich bereits seit Mitte September 2014 bemüht, die Stadt Kobani zu erobern, immer mit Blick auf die reichen landwirtschaftlichen Gebiete weiter östlich zwischen Euphrat und Tigris – die von den Arabern »die Insel« (al-Dschazira) genannt werden und wo viele Kurden siedeln. Überdies hat der IS angekündigt, auch den Libanon, Jordanien und Saudi-Arabien angreifen zu wollen. Da viele ausländische Kämpfer aus diesen Ländern stammen, muss dort jederzeit mit terroristischen Anschlägen und größeren Angriffen gerechnet werden. Im Libanon bekannte sich der IS bereits im Dezember 2013 zu einem großen Autobombenanschlag und ist mit kleinen Zellen in einigen Grenzgebieten zu Syrien präsent.

Auch Europa sollte sich auf Anschläge des IS vorbereiten. Ein erstes Warnzeichen war der Anschlag auf das Jüdische Museum von Brüssel am 24. Mai 2014. Der Täter, Mehdi Nemmouche, war ein algerischstämmiger Franzose, der erst kurz zuvor aus Syrien zurückgekehrt war, wo er sich mehrere Monate beim IS aufgehalten und europäische Geiseln bewacht hatte. Mit einem Sturmgewehr und einer Pistole bewaffnet, stürmte er in das Museum und erschoss vier Menschen, bevor er floh. Wenige Tage später konnte er in Marseille verhaftet werden. Trotz seiner IS-Verbindung scheint Nemmouche allein gehandelt zu haben, und es gibt auch keinen Beleg dafür, dass das Attentat vom IS in Auftrag gegeben und logistisch unterstützt wurde. Es führte aber dazu, dass die Terrororganisation den Wert solcher Einzeltäteranschläge schätzen lernte, wo es darum ging, westliche Gesellschaften einzuschüchtern. Mehrfach riefen IS-Funktionäre ihre Anhänger in den folgenden Monaten dazu auf, Anschläge in den Heimatländern zu verüben, wenn ihnen die Ausreise nach Syrien oder in den Irak nicht gelang.

Wie dies funktionieren kann, zeigte sich am 22. Oktober 2014 im kanadischen Ottawa. Der Konvertit kanadisch-lybischer Abstammung Michael Zehaf-Bibeau hatte keinen Reisepass erhalten und daher nicht nach Syrien ausreisen können. Deshalb entschied er sich für einen Anschlag und tötete einen Ehrengardisten am Canadian National War Memorial, bevor er das nahe gelegene Parlamentsgebäude stürmte und erschossen wurde. Angriffe dieser Art mögen zunächst großes Aufsehen erregen und für die Opfer und ihre Angehörigen tragisch sein, doch stellen sie keine Gefahr für die betroffenen Staaten und Gesellschaften dar. Ganz anders wäre die Situation, sollte sich der IS eines Tages entscheiden, Anschläge in der westlichen Welt zu verüben. Denn Anschläge, die von großen Terrororganisationen mit Personal, Geld und Training unterstützt werden, sind meist sehr viel folgenreicher als die von Einzeltätern. Dass dies geschehen wird, ist wegen der scharfen Konkurrenz des IS zur al-Qaida wahrscheinlich. Der IS-Anführer Abu Bakr al-Baghdadi hat durch die Ausrufung des Kalifats im Juni 2014 deutlich gemacht, dass er Osama Bin Laden als Führer der Dschihadisten weltweit beerben will. Damit ihm dies gelingt, muss er über kurz oder lang einen Anschlag in der westlichen

Welt verüben, so wie es der al-Qaida am 11. September 2001 in New York und Washington gelang. Dies macht einen Anschlag in Europa wahrscheinlicher.

Hinzu kommt, dass der IS seit dem Beginn der Luftangriffe der USA und ihrer Verbündeten im Irak und in Syrien im Sommer 2014 immer mehr unter Druck gerät und Hunderte, vielleicht sogar Tausende Kämpfer und einige Anführer verloren hat. Da liegt es nahe, die Entschlossenheit vor allem der bekannt wankelmütigen Europäer durch terroristische Anschläge zu schwächen. Entsprechende Drohungen an die Adresse der USA, Großbritanniens, Frankreichs, Australiens und Deutschlands hat der IS bereits ausgesprochen.[3] Sollte sich der IS tatsächlich zu Attentaten in Europa entschließen, stehen ihm Hunderte potenzielle Täter zu Verfügung. In den europäischen Ländern gibt es mittlerweile häufig auch Strukturen, die zurückkehrende Attentäter unterstützen können. In Deutschland sind dies vor allem die Reste des Millatu-Ibrahim-Netzwerkes, die trotz des Verbots vom Juni 2012 fortbestehen. In der möglichen Verbindung von kampferfahrenen und gut ausgebildeten Rückkehrern mit einheimischen Strukturen liegt die große Gefahr für die nächsten Jahre.

IS für den Westen weniger gefährlich als al-Qaida

Die großen Erfolge und brutalen Videos des IS haben 2014 dazu geführt, dass das Interesse für andere Dschihadisten deutlich nachgelassen hat. Das ist ein Fehler, denn nicht nur die Al-Qaida-»Ableger« im Jemen, in Algerien und in der Sahara, sondern auch die Al-Qaida-Zentrale in Pakistan stellen weiter eine große Gefahr für die Sicherheit der USA und der Europäer dar. Die wichtigste Bedrohung geht von einer möglichen Zusammenarbeit der Al-Qaida-Zentrale, der jemenitischen al-Qaida, der Nusra-Front und europäischen Freiwilligen in Syrien aus – und diese Bedrohung ist für den Westen zunächst eine größere als die seitens des IS.

Dass dies ebenfalls die Einschätzung der US-Regierung ist, zeigte sich in der Nacht vom 22. auf den 23. September 2014, als die amerikanischen Luftangriffe in Syrien begannen und die ersten Marschflugkörper, Raketen und Bomben auch Ziele in der Provinz Idlib im Nordwesten des Landes trafen. Dies war überraschend, weil der IS alle seine Stützpunkte in dieser Provinz Anfang 2014 hatte aufgeben müssen, er also nicht das Ziel gewesen sein konnte. Die US-Regierung machte auch gar keinen Hehl daraus, dass ihre Angriffe nicht dem IS, sondern einer bis dahin weitgehend unbekannten Gruppe namens »Khorasan« gegolten hatten. Einige Vertreter der Obama-Administration bezeichneten diese als die größere terroristische Bedrohung für den Westen als den IS.[4]

Khorasan ist eine historische Region im Osten Irans, die Teile Zentralasiens und Afghanistans umfasst, Dschihadisten verwenden den Begriff aber für Afghanistan. Bei der »Khorasan-Gruppe« handelt es sich um Anhänger der al-Qaida, die ab 2012 aus Pakistan, Afghanistan und dem Iran nach Syrien gereist waren und dort den Kontakt zur Nusra-Front suchten. Ihr Anführer ist der Kuwaiter Muhsin al-Fadli, früher ein enger Vertrauter Bin Ladens, der bereits auf eine lange Karriere in der al-Qaida zurückblickte und vor 2012 mehrere Jahre im Iran gelebt hatte.[5] Gemeinsam mit rund zwei Dutzend Al-Qaida-Kadern bemühte sich Fadli, Rekruten aus westlichen Ländern zu finden, um sie für Anschläge gegen den Luftverkehr zwischen Europa und den USA einzusetzen. Zu diesem Zweck unterhielt die Khorasan-Gruppe enge Beziehungen zur jemenitischen al-Qaida und ihrem saudi-arabischen Bombenbauer Ibrahim al-Assiri, die über das nötige Know-how für solche Anschläge verfügen.[6] Der ob seiner Kreativität und Entschlossenheit berüchtigte Assiri hatte 2009 und 2010 Sprengstoff präpariert, der das eine Mal in der Unterhose eines Selbstmordattentäters und das andere Mal in zwei Druckerpatronen versteckt war. Beide Male war es das Ziel, Flugzeuge auf dem Landeanflug in die USA in die Luft zu sprengen, doch die Anschläge wurden gerade noch rechtzeitig vereitelt. Wie konkret die Informationen über eine Verbindung der Khorasan-Gruppe zur jemenitischen al-Qaida waren, zeigte sich schon an den – auf Informationen aus Syrien zurückgehenden – amerikanischen Terrorwarnungen vom Juli 2014, die dazu führten, dass Reisende vor Transatlantikflügen nachweisen mussten, dass die Akkus ihrer elektronischen Geräte geladen waren. Einige Regierungsvertreter befürchteten, dass die geplanten Anschläge kurz vor der Ausführung stehen könnten.

Ob die Luftangriffe die Khorasan-Gruppe zerschlagen haben, war Anfang 2015 noch nicht geklärt. Einigen Berichten zufolge wurden Fadli und andere Mitglieder der Gruppe getötet. Dass die US-Luftwaffe Anfang November eine neue Serie von Angriffen gegen Unterschlüpfe der Gruppe in Idlib flog, zeigt aber, dass sich zumindest ein Teil von ihnen hatte retten können.[7] Ob sie ihre Planungen fortsetzen, wird sich erst noch erweisen. Klar ist jedoch, dass die Voraussetzungen für ihre Aktivitäten weiterhin gut sind. Syrien ist voll von europäischen und türkischen Freiwilligen, die für Selbstmordanschläge gewonnen werden können. Die jemenitische al-Qaida hat mehrfach gezeigt, dass sie in der Lage ist, kleine Sprengstoffmengen mit potenziell großer Wirkung an Bord von Transatlantikflügen zu bringen. Die technischen Fähigkeiten sind in der Welt, möglicherweise auch in Syrien, und werden nicht wieder verschwinden – auch nicht, falls Assiri getötet oder gefangen werden sollte. Von der Verbindung europäischer Rekruten mit dem technischen Know-how und der terroristischen Erfahrung der al-Qaida geht in den nächsten Jahren eine konkretere und größere Gefahr für Europa und die USA aus als vom IS.

Dass dem so ist, zeigte wahrscheinlich schon der Anschlag auf das Pariser Satiremagazin *Charlie Hebdo* Anfang Januar 2015 – auch wenn es sich nicht um den befürchteten Angriff auf ein Flugzeug in der Luft handelte. Zumindest einer der beiden Täter, der algerischstämmige Franzose Said Kouachi, hatte 2011 mehrere Monate bei al-Qaida im Jemen trainiert, und die beiden verkündeten während und kurz nach der Tat zweimal, dass sie im Auftrag von »al-Qaida auf der Arabischen Halbinsel« handelten. Obwohl Said Kouachi und sein Bruder Cherif vor Ort weitgehend autonom agierten, kamen die Idee, wahrscheinlich sogar der Auftrag und vielleicht auch weitere Unterstützung von dieser Organisation. Sie und die Al-Qaida-Zentrale in Pakistan hatten die Macher von *Charlie Hebdo* schon 2010 und 2011 als besonders wichtiges Anschlagsziel identifiziert. Es würde zur oft gezeigten strategischen Geduld der al-Qaida passen, wenn sie Said Kouachi schon damals einen nicht allzu spezifischen Auftrag erteilte, aber erst drei Jahre später einen konkreten Einsatzbefehl folgen ließ.

Für al-Qaida und Nusra-Front spricht überdies, dass sie sehr viel erfolgversprechendere Strategien gewählt haben. Sich der eigenen Schwäche bewusst, setzt die al-Qaida in Pakistan und in Afghanistan auf Bündnisse mit den Taliban und die Nusra-Front in Syrien auf Allianzen mit zahlreichen anderen Rebellengruppen. So erhöhen sie ihre Chancen, nach einem Sturz der jeweiligen Regierungen eine wichtige Rolle in der Politik des Landes spielen zu können. Der IS hingegen tut sich seit Anbeginn sehr schwer damit, Verbündete zu finden, und macht sich immer wieder sehr viel mehr Feinde, als nötig wäre. Die Allianz mit den ehemaligen Baathisten der Naqshbandiya-Armee ist jedoch ein Hinweis, dass die Organisation dazugelernt haben könnte. Wenn dies der Fall ist, würde der IS noch gefährlicher, als er es ohnehin ist.

Strategien zu einer wirksameren Bekämpfung des IS

Wollen die USA, Europa und Deutschland sich wirksam vor dem IS und den Folgen seines Vormarschs schützen, müssen sie erstens ihre Verbündeten im Irak und in Syrien stärken, zweitens die unmittelbaren Nachbarländer stabilisieren helfen und drittens verhindern, dass die dschihadistischen Rückkehrer zu einer Gefahr für die innere Sicherheit des Westens werden.

Verbündete im Irak finden

Der amerikanische Ansatz für den Irak ist richtig, denn nur wenn die irakische Regierung ihre Politik gegenüber den sunnitischen Arabern ändert und ihnen einen Platz im politischen System des Irak gibt, wird es möglich sein, unter ihnen Verbündete zu finden und gemeinsam mit ihnen den IS wirksam zu bekämpfen. Doch ist es fraglich, ob diese Strategie funktionieren kann. Denn die schiitisch dominierte Regierung in Bagdad ist den Sunniten auch unter dem neuen Ministerpräsidenten verhasst, und die Tatsache, dass neben den Regierungstruppen schiitische Milizen mit Unterstützung der iranischen Revolutionsgarden in die Kämpfe gegen den IS eingreifen, schafft neues Misstrauen. Die Unterstützung der Kurden im Norden ist demgegenüber nur eine Notlösung, die hilft, zumindest die von Barzani und Talabani kontrollierte Kurdenregion zu stabilisieren. Für eine Offensive gegen den IS taugen die Kurden weniger, denn auch sie haben unter den sunnitischen Arabern nur wenige Freunde und würden bei einem Vormarsch schon in weiten Teilen von Mossul in Feindesland operieren.

Für Syrien scheint die Obama-Administration die Hoffnung auf ein Ende des Bürgerkrieges aufgegeben zu haben. Die Ankündigung, Tausende Aufständische auszubilden, scheint dazu gedient zu haben, die saudi-arabische Führung mit an Bord zu holen, die weiterhin auf einen Sturz Assads setzt. Die USA dürften in den nächsten Jahren versuchen, zumindest einige FSA-Einheiten so zu stärken, dass sie im Fall einer Veränderung der Lage im Land nicht ganz ohne Verbündeten dastehen, und abwarten, wie sich die Situation weiter entwickelt. Wenn aber selbst die US-Regierung ratlos ist und anstelle einer politisch-militärischen Strategie nur auf die Schwächung des IS durch Luftangriffe setzt, wird der Bürgerkrieg weiter andauern. Da es vor Ort keine Verbündeten gibt, die stark genug und gleichzeitig verlässlich sind, sollten die USA und die Europäer so ehrlich sein zu sagen, dass sie im Moment keine Strategie für Syrien haben. Weder ist eine Fortsetzung der Herrschaft Assads akzeptabel, der für mehr als 200 000 Tote seit 2011 verantwortlich ist, noch bieten die Aufständischen, die im Erfolgsfall auch noch die verbliebenen ruhigen Gebiete des Landes in Trümmerfelder verwandeln und die ethnischen und religiösen Minderheiten massakrieren würden, eine vertrauenswürdige Alternative. Daher sollte es dem Westen vor allem darum gehen, den IS und andere dschihadistische Gruppen durch begrenzte Luftangriffe zu schwächen und eine Ausweitung des Bürgerkrieges auf die Nachbarländer zu verhindern.

Die Nachbarländer schützen

Da Syrien für die nächsten Jahre in einem andauernden Bürgerkrieg versinken dürfte, sind die Nachbarländer in Gefahr, in den Konflikt hineingezogen zu werden. Dies gilt besonders für diejenigen, die wie der Libanon, Jordanien und die Türkei die meisten der Ende 2014 weit über drei Millionen Flüchtlinge aus Syrien aufgenommen haben. Insbesondere Jordanien sollte mehr westliche Hilfe erhalten, denn das Land ist mit ein bis eineinhalb Millionen Flüchtlingen (bei 2011 etwa sechs Millionen Einwohnern) besonders vom Krieg in Syrien betroffen und seit langem ein wichtiger und verlässlicher Partner der westlichen Politik. Im Libanon ist die Situation komplizierter, doch auch dieses Land benötigt dringend mehr Hilfe, um den Ansturm der Flüchtlinge bewältigen zu können.

Das größte Problem für die westliche Politik ist aber die Türkei. Die türkische Regierung arbeitet seit 2011 auf einen Sturz des Assad-Regimes hin und hat zu diesem Zweck nicht nur die FSA, sondern zudem islamistische, salafistische und dschihadistische Gruppen unterstützt. Obwohl diese Hilfe seit dem Auftreten von ISIS 2013 reduziert wurde, können die Dschihadisten die Türkei weiter als sicheres Rückzugs- und Aufmarschgebiet nutzen. Die türkische Führung ist offenkundig der Meinung, dass sie den IS auch noch bekämpfen kann, wenn das Assad-Regime eines Tages gestürzt ist. Überdies sieht die türkische Regierung die PKK als die größere Gefahr für ihre innere Sicherheit und betrachtet deshalb die autonomen Gebiete der syrischen Kurden, die unter der Kontrolle des PKK-Ablegers PYD stehen, mit großem Misstrauen. Bis 2013 unterstützte sie die Nusra-Front in ihrem Kampf gegen die syrischen Kurden, und selbst der IS kann auf die Sympathie Ankaras zählen, solange er die PYD bekämpft. Diese Interessenlage hat dazu geführt, dass die Türkei den IS nicht einmal halbherzig bekämpft und den Zustrom ausländischer Kämpfer duldet.

Um aber den IS effektiv bekämpfen zu können, ist die Hilfe der Türkei zwingend erforderlich. So muss der Ölschmuggel aus Syrien gestoppt, der Zustrom von Kämpfern aus dem Ausland und ihre Rückreise in die jeweilige Heimat zumindest behindert werden und darüber hinaus die Nutzung der Türkei als Ruheraum enden. Dies wird aber nur dann geschehen, wenn die Türkei den IS auch als Bedrohung für ihre innere Sicherheit wahrnimmt. Dass er genau dies ist, dafür sprechen schon die hohe Zahl von türkischen Kämpfern beim IS und die Existenz starker Unterstützernetzwerke, die ausländischen Kämpfern als Anlaufstellen dienen und die selbst Freiwillige rekrutieren. Die USA und die Europäer sollten gemeinsam auf einen solchen Politikwechsel in der Türkei hinwirken. Gerade Deutschland kann hier eine wichtige Rolle spielen, da viele deutsche Syrien-Reisende ursprünglich aus der Türkei stammen und eine Gefahr für beide Länder darstellen können und da beide ein Problem mit der kurdischen PKK haben. Für die deutsche Politik sollte es darum gehen, die Türkei davon zu überzeugen, dass der IS eine große Gefahr darstellt, und den Druck zu erhöhen, dass Ankara sein Kurdenproblem mit einem Kompromiss löst. Gäbe es eine Übereinkunft zwischen der PKK und dem türkischen Staat, wäre es für Ankara auch einfacher, die Autonomie der syrischen Kurden zu akzeptieren, womit ein wichtiges Motiv für die türkische Unterstützung des IS wegfallen würde.

Terroristen bekämpfen

Die Rückkehrer aus Syrien waren schon Anfang 2015 ein Problem für die innere Sicherheit der Bundesrepublik Deutschland. Von den geschätzten 550 Syrien-Reisenden waren mehr als 150 zurückgekehrt, und es war an den deutschen Sicherheitsbehörden, festzustellen, von wem eine Gefahr ausgehen könnte. Dabei ist es kein Geheimnis, dass Polizei und Nachrichtendienste zu schlecht aufgestellt waren, um mit der hohen Zahl der Rückkehrer fertig zu werden. Insbesondere in den Bundesländern mit vielen Syrien-Reisenden fehlte es an Observationsteams und moderner Überwachungstechnik. Überdies haben die deutschen Sicherheitsbehörden schon seit Jahren große Probleme, Radikalisierungsprozesse unter jungen Muslimen frühzeitig festzustellen. Dies führte dazu, dass Hunderte von ihnen ungehindert nach Syrien ausreisen konnten.

Die vielleicht wichtigste Frage war, ob der deutsche Staat überhaupt versuchen sollte, potenzielle Dschihadisten an der Ausreise zu hindern. Hier befand die Politik sich in einem schlimmen Dilemma, denn reisten die jungen Leute aus, war die Gefahr groß, dass sie im Irak und in Syrien Anschläge verübten und Menschen zu Tode kamen. Als die Zahl der deutschen Selbstmordattentäter im Irak im Sommer 2014 rasch anstieg, wurde dies zum außenpolitischen Problem, denn deutsche Dschihadisten töteten Soldaten der von Deutschland unterstützten irakisch-kurdischen Regionalregierung. Dies warf in Erbil und Bagdad die Frage auf, warum ein so reiches und gut organisiertes Land wie Deutschland nicht in der Lage sein soll, seine Terroristen an der Ausreise zu hindern. Hinderten die deutschen Sicherheitsbehörden aber die Freiwilligen an der Ausreise, bestand die Gefahr, dass diese versuchen würden, in Deutschland Anschläge zu verüben. Zumindest einen solchen

Fall hatte es in Berlin gegeben, wo 2009 ein junger Mann an der Ausreise gehindert und später erneut auffällig wurde, weil er für den Bombenbau geeignete Chemikalien beschafft haben soll. Wenn die Politik also die Ausreise verhindert, muss sie gewährleisten können, dass sie die Verdächtigen gut genug überwachen kann, um eine Gefährdung der Allgemeinheit durch sie ausschließen zu können. Dies ist schon aufgrund der hohen Zahl allein der Rückkehrer nicht möglich, und die deutsche Politik wird sich in den nächsten Jahren der Frage widmen müssen, wie Polizei und Nachrichtendienste so gestärkt werden, dass sie mit einer wachsenden Bedrohung fertig werden können. Dies dürfte eine grundlegende Reform der deutschen Sicherheitsarchitektur von der Rekrutierung von Personal bis zur parlamentarischen Kontrolle der Sicherheitsbehörden erfordern.

Anmerkungen

Prolog: Der Kalif von Mossul

1 Mu'assasat al-Battar al-I'lamiya, *Nachricht an die Mudschahidin und die islamische Umma im Monat Ramadan* (Arabisch), o.O., o.D. [Juni 2014].

2 Ebd.

3 Ebd.

Eine neue Terrororganisation: Die Gründung durch Abu Musab az-Zarqawi

1 Fuad Husain, *az-Zarqawi. Die zweite Generation von al-Qaida* (Arabisch), Beirut 2005, S. 125.

2 Ebd., S. 126.

3 Joas Wagemakers, *A Quietist Jihadi. The Ideology and Influence of Abu Muhammad al-Maqdisi*, Cambridge: Cambridge University Press 2012, S. 171–173.

4 Husain, *az-Zarqawi*, S. 175.

5 Zu Zarqawis Zeit im Gefängnis vgl. ebd., S. 95–99.

6 Ebd., S. 26–30.

7 Ebd., S. 31–34.

8 Zu den Ansar al-Islam im Detail vgl. Guido Steinberg, *Der nahe und der ferne Feind. Die Netzwerke des islamistischen Terrorismus*, München: Beck 2005, S. 208–217.

9 Neil MacFarquhar, »Investigators in Jordan Seek Clues in Death of U.S. Envoy«, in: *New York Times* vom 30. Oktober 2002.

10 Husain, *az-Zarqawi*, S. 129.

11 Holger Stark, »Wein, Whisky und Waffen«, in: *Der Spiegel,* 34 (2005), S. 114–115.

12 Funda Keskin, »Spektakuläres Geständnis von Sakka« (Türkisch), in: *Hürriyet* vom 21. Februar 2006.

13 Dominik Cziesche, Jürgen Dahlkamp und Holger Stark, »Aladin aus dem Schwarzwald«, in: *Der Spiegel,* 33 (2005), S. 108–109.

14 Oberlandesgericht Düsseldorf, *Urteil in der Strafsache gegen Mohamed Ghassan Ali Saud Abu Dhess (et al.),* Düsseldorf, März 2006, S. 7–10.

15 BKA, *Beschuldigtenvernehmung Shadi Abdallah,* 28. Mai 2002, S. 2.

16 Ebd., 30. April 2002, S. 1–2, und 5. Juni 2014, S. 4.

17 Oberlandesgericht Düsseldorf, *Urteil gegen Mohamed Ghassan Ali Saud Abu Dhess,* S. 44.

18 Ebd., S. 50–51.

19 BKA, *Beschuldigtenvernehmung Shadi Abdallah,* 28. Mai 2002, S. 5.

20 Ebd., 2. Mai 2002, S. 5.

21 Steinberg, *Der nahe und der ferne Feind,* S. 142.

Auf dem Weg in den Bürgerkrieg: Zarqawi im Irak

1 Zu den Anschlägen vgl. John Burns und Jeffrey Gettelman, »Blasts at Shiite Ceremonies in Iraq Kill More Than 140«, in: *New York Times* vom 2. März 2004.

2 »Bekennerschreiben zur Ausspähung, Vorbereitung, Planung und Ausführung von 25 Anschlägen« (Arabisch) in: *al-Hayat* vom 12. Februar 2004. Als »Saba'iyun« oder »Sabi'a« beschimpfen Sunniten die Anhänger eines sagenhaften jemenitischen Juden namens Abdallah Ibn Saba', der die falschen Lehren der Schia erfunden haben soll, um den Islam zu zerstören. »Batini« (wörtlich »jemand, der sich mit verborgenen, geheimen Dingen befasst«) ist ein weiteres Schimpfwort für die Schiiten, denen vorgeworfen wird, verborgene Ideen und Absichten zu hegen.

3 Ebd.

4 Steven R. Weisman, »Powell, in U.N. Speech, Presents Case to Show Iraq has not Disarmed«, in: *New York Times* vom 6. Februar 2003.

5 Zum Volltext der Rede vgl. Secretary Colin L. Powell, Remarks to the United Nations Security Council, New York City, February 5, 2003,

http://2001-2009.state.gov/secretary/former/powell/remarks/2003/17300. htm, Zugriff am 9. Oktober 2014.

6 Zu diesen drei Lagern im Detail vgl. Guido Steinberg, *Die irakische Aufstandsbewegung. Akteure, Strategien, Strukturen*, Stiftung Wissenschaft und Politik, Berlin 2006 (SWP-Studie 27/2006), S. 8–13.

7 Suadad Al-Salhy und Tim Arango, »Iraq Militants, Pushing South, Aim at Capital«, in: *New York Times* vom 11. Juni 2014.

8 Zu den Zahlenangaben (Stand: Dezember 2005) vgl. Anthony Cordesman und Emma Davies, *Iraq's Insurgency and the Road to Civil Conflict: Volume 1*, Center for Strategic and International Studies, Washington 2008, S. 174.

9 Jeffrey Gettleman, »Enraged Mob in Falluja Kills 4 American Contractors«, in: *New York Times* vom 31. März 2004.

10 Dexter Filkins, Richard A. Oppel Jr., »Top Aid Officials Are Among 17 Killed«, in: *New York Times* vom 19. August 2003.

11 Rida Muhammad Lari, »Wer ermordete Muhammad Baqir al-Hakim?« (Arabisch), in: *Ash-Sharq al-Ausat* (London) vom 3. September 2003.

12 Shabakat al-Buraq al-Islamiya: *Erleuchtende Worte. Sammelband der Predigten und Reden des Shaikh Abu Musab az-Zarqawi* (Arabisch), o.O., Juni 2006, S. 96.

13 Edward Wong, »Video Shows Beheading of Kidnapped British Engineer«, in: *New York Times* vom 9. Oktober 2004.

14 Cecilie Finsnes, *What Is Audio-visual Jihadi Propaganda? An Overview of the Content of FFI's Jihadi Video Database*, Forsvarets forskningsinstitutt (FFI, Norwegian Defence Research Establishment), 26. März 2010, S. 8.

15 Brief von Abu Muhammad Aiman az-Zawahiri an Abu Musab az-Zarqawi, o.O., 9. Juli 2005, http://fas.org/irp/news/2005/10/letter_in_arabic.pdf, Zugriff am 23. Oktober 2014.

16 Robert F. Worth, »Blast at Shrine Sets Off Sectarian Fury in Iraq«, in: *New York Times* vom 23. Februar 2006.

Hybris trotz Niedergang: Der Islamische Staat im Irak (ISI)

1 Die Erklärung findet sich auf der dschihadistischen Seite an-Nukhba (die Elite): https://nokbah.com/~w3/?p=536, Zugriff am 24. Oktober 2014.

2 Ebd.

3 Brief von Abu Muhammad Aiman az-Zawahiri an Abu Musab az-Zar-qawi, o.O., 9. Juli 2005, http://fas.org/irp/news/2005/10/letter_in_ara-bic.pdf, Zugriff am 23. Oktober 2014.

4 Yassin Musharbash, »Dschihadisten streiten über Qaida-Staat«, in: *Spiegel online* vom 17. Oktober 2006.

5 Toby Dodge, *Iraq. From War to a New Authoritarianism*, London, IISS 2012, S. 58.

6 Ebd., S. 65; International Crisis Group (ICG), *The Next Iraqi War? Sectarianism and Civil Conflict* (Middle East Report No. 52), 27. Februar 2006, S. 17–21.

7 Sabrina Tavernise und Dexter Filkins, »Local Insurgents Tell of Cla-shes With Al Qaeda's Forces in Iraq«, in: *New York Times* vom 12. Januar 2006.

8 Ebd.

9 Dodge, *Iraq*, S. 96.

10 Brian Fishman, *Dysfunction and Decline. Lessons Learned from Inside Al Qa'ida in Iraq*, Combating Terrorism Center at West Point, 16. März 2009, S. 6.

11 Dexter Filkins, »U.S. Portrayal Helps Flesh Out Zarqawi's Heir«, in: *New York Times* vom 16. Juni 2006.

12 Michael R. Gordon, »U.S. Says Insurgent Leader it Couldn't Find Ne-ver Was«, in: *New York Times* vom 19. Juli 2007.

13 Zitiert nach: Guido Steinberg, »Down, but Not Out. Wounded AQI is Not Finished Yet«, in: IHS Jane's Security and Military Intelligence Consulting: *Relationships and Rivalries, Assessing Al-Qaeda's Affilia-te Network*, Oktober 2010, S. 24–29 (S. 29).

14 Ebd.

15 Ebd.

16 *al-Hayat* (London) vom 5. Mai 2010.

17 Die Biographie Baghdadis, die 2011 geschrieben und 2013 aktualisiert wurde, findet sich auf zahlreichen dschihadistischen Webseiten. »In-formationen aus dem Lebenslauf unseres Herrn, des Beherrschers der Gläubigen Abu Bakr al-Husaini al-Qurashi al-Baghdadi, dem Emir des Islamischen Staates im Irak und in Syrien« (Arabisch).

18 Nancy A. Youssef, »Unprepared U.S. Officials Missed Baghdadi's

Likely al-Qaeda Connection During 2004 Detention«, in: *McClatchy-Tribune News Service* vom 9. Juli 2014.

19 Tim Arango und Eric Schmitt, »U.S. Actions in Iraq Fueled Rise of a Rebel«, in: *International New York Times* vom 10. August 2014.

20 Es handelte sich um Adnan as-Suwaidawi (Abu Aiman al-Iraqi) und Adnan Ismail Nadschm (Abu Abd ar-Rahman al-Bilawi).

21 Jenna McLaughlin, »Was Iraq's Top Terrorist Radicalized at a US-Run Prison?«, in: *Mother Jones* vom 11. Juli 2014.

22 Anthony Shadid, »Insurgents Kill Dozens in Bombings Across Iraq«, in: *The International Herald Tribune* vom 26. August 2010.

Das neue Schlachtfeld: Expansion nach Syrien

1 Al-Furqan, *Eine Rede des Befehlshabers der Gläubigen Abu Bakr al-Baghdadi* (Arabisch), o.O., o.D. [8. April 2013], https://archive.org/details/AnncmentOfIslamicStateDawla, Zugriff am 29. Oktober 2014.

2 Ebd.

3 Ebd.

4 Loveday Morris, »Syrian army raising pressure on rebel strongholds in Homs«, in: *Washington Post* vom 17. April 2014.

5 Emile Hokayyem, *Syria's Uprising and the Fracturing of the Levant*, London, IISS 2013, S. 88 f.

6 Michael R. Gordon und Eric Schmitt, »Syrian Forces Lobbing More Scud Missiles at Rebels, U.S. Says«, in: *New York Times* vom 21. Dezember 2012.

7 Hokayyem, *Syria's Uprising*, S. 90.

8 Elizabeth O'Bagy, *Jihad in Syria*, Washington DC, Institute for the Study of War, Middle East Security Report 6, September 2012, S. 23.

9 Ibrahim Humaidi, »Syrische Islamische Bataillone vereinigen sich mit regionaler Unterstützung«, in: *al-Hayat* vom 6. Oktober 2013.

10 Ebd.

11 Aaron Zelin, »Causes for Pause: Spoilers and Risks«, in: Jeffrey White, Andrew J. Tabler, *Syria's Military Opposition*, Washington Institute for Near East Policy, September 2013, S. 25–34 (S. 30f.).

12 Aymenn Jawad Al-Tamimi, »The Islamic State of Iraq and Al-Sham«, in: *MERIA* 17, Nr. 3 (Herbst 2013), S. 19–44 (S. 20).

13 Ibrahim Humaidi, »Syrische Islamische Bataillone vereinigen sich mit regionaler Unterstützung«, in: *al-Hayat* vom 6. Oktober 2013.

14 Ibrahim Humaidi, »Die Erklärung Zawahiris steigert die Spannung zwischen ›Daish‹, und ›Nusra‹«, in: *al-Hayat* vom 10. November 2013.

15 »Following ISIL withdrawal from Rif Latakia, Fears of Retaliation«, in: *al-Quds al-Arabi* vom 18. März 2014.

16 Zu einer kurzen Darstellung des Ablaufs der ISIS-Expansion vgl. Nail Hariri, »›Daish‹. Der Tod kommt aus dem Norden«, in: *al-Hayat* vom 20. Oktober 2013.

17 »Die ›Islamische Front‹ fordert von ›Daish‹ die Auslieferung der Mörder eines ihrer Führer«, in: *al-Hayat* vom 3. Januar 2014.

18 »›Daish‹ beendet seinen Rückzug aus dem Norden von Aleppo«, in: *al-Hayat* vom 2. März 2014.

Der Weg zum Kalifat im Irak

1 Ned Parker, Isabel Coles und Raheem Salman, »Special Report – How Mosul Fell: An Iraqi General Disputes Baghdad's Story«, in: *Reuters* vom 14. Oktober 2014.

2 Liz Sly und Ahmed Ramadan, »Insurgents Seize Iraqi City of Mosul as Security Forces Flee«, in: *Washington Post* vom 10. Juni 2014.

3 Rod Nordland und Alissa J. Rubin, »Iraq Insurgents Reaping Wealth as They Advance«, in: *New York Times* vom 21. Juni 2014.

4 Jessica Lewis, *AQI's ›Soldiers' Harvest‹ Campaign*, Institute for the Study of War (Backgrounder), 9. Oktober 2013, passim.

5 Das Video hieß »Das Klingen der Schwerter« (Salil as-Sawarim).

6 Brian Fishman, *Redefining the Islamic State. The Fall and Rise of Al-Qaeda in Iraq*, New America Foundation, August 2011, S. 14.

7 Jack Healy, »Arrest Order for Sunni Leader in Iraq Opens New Rift«, in: *New York Times* vom 19. Dezember 2011.

8 Tim Arango und Michael R. Gordon, »Sectarian Strains Pit Some Iraqis Against Their Own Leaders«, in: *New York Times* vom 19. März 2013.

9 Yasir Ghazi und Tim Arango, »Deadly Shootout and Arrest in Iraq Set Off Sunni Protests«, in: *New York Times* vom 28. Dezember 2013.

10 Tim Arango, »Dozens Killed in Battles Across Iraq as Sunnis Escalate Protests Against Government«, in: *New York Times* vom 23. April 2013.

11 Dies sind Zahlen der Datenbank von Iraq Body Count. https://www.iraqbodycount.org/database/.

12 Jessica D. Lewis, *Al-Qaeda in Iraq Resurgent. The Breaking the Walls Campaign, Part I*, Institute for the Study of War (Middle East Security Report 14) September 2013, S. 10.

13 Ebd., S. 14.

14 Ebd., S. 15.

15 Jabbar Yaseen und Liz Sly, »Iraq Jailbreak Highlights al-Qaeda Affiliate's Ascendancy«, in: *Washington Post* vom 22. Juli 2013.

16 Robert Scales und Douglas Ollivant, »Terrorist Armies Fight Smarter and Deadlier Than Ever«, in: *Washington Post* vom 1. August 2014.

17 Ben Hubbard und Eric Schmitt, »Military Skill and Terrorist Technique Fuel Success of ISIS«, in: *New York Times* vom 27. August 2014.

18 Ebd.

19 Michael Knights, »ISIL's Political-Military Power in Iraq«, in: *CTC Sentinel*, Bd. 7, Nr. 8 (August 2014), S. 3.

20 Vgl. z.B. Mushriq Abbas, »Blutige, nicht erklärte ›Feiern‹ zwischen ›Nusra‹ und ›Daish‹« (Arabisch), in: *al-Hayat* (Saudi-arabische Ausgabe) vom 1. April 2014.

21 Richard Barrett, *The Islamic State*, The Soufan Group, November 2014, S. 19 und S. 24 f.

22 Ebd. S. 28 f.; Ruth Sherlock, »Inside the Leadership of the Islamic State: How the New ›Caliphate‹ is Run«, in: *The Telegraph* vom 9. Juli 2014.

23 Ben Hubbard, »U.S. Airstrikes in Iraq Target ISIS Leaders«, in: *New York Times* vom 8. November 2014.

24 Barrett, *Islamic State*, S. 31.

25 Ben Hubbard, Eric Schmitt, Mark Mazzetti, »U.S. Pins Hope on Syrian Rebels With Loyalties All Over the Map«, in: *New York Times* vom 11. September 2014.

26 Michael Knights, »The JRTN Movement and Iraq's Next Insurgency«, in: *CTC Sentinel,* Bd. 4, Nr. 7 (Juli 2011), S. 1–6 (S. 2).

27 Tim Arango, »Uneasy Alliance Gives Insurgents an Edge in Iraq«, in: *New York Times* vom 18. Juni 2014.

Der »Staat« des Kalifen von Mossul

1 al-I'tisam, *Das Einreißen der Grenzen* (Arabisch), o.O., o.D. [Juni 2014]

2 Barrett, *Islamic State*, S. 35 f.

3 Zu einem kurzen Überblick vgl. Guido Steinberg, *Wer sind die Salafisten? Zum Umgang mit einer schnell wachsenden und sich politisierenden Bewegung*, Stiftung Wissenschaft und Politik, Berlin, Mai 2012 (SWP-Aktuell 28/2012).

4 Charles C. Caris und Samuel Reynolds, *ISIS Governance in Syria*, Washington Institute for the Study of War (Middle East Security Report 22), July 2014, S. 19.

5 Tim Arango, »Tears, and Anger, as Militants Destroy Iraq City's Relics«, in: *New York Times* vom 31. Juli 2014.

6 »The Other Beheaders. The Possible Reasons for a Mysterious Surge in Executions«, in: *The Economist* vom 20. September 2014.

7 Caris/Reynolds, *ISIS Governance in Syria*, S. 15.

8 Rainer Hermann, »Eine Universität im Reich des ›Islamischen Staats‹«, in: *Frankfurter Allgemeine Zeitung* vom 28. Oktober 2014.

9 Hierzu im Detail vgl. Guido Steinberg, »Jihadi-Salafism and the Shi'is: Remarks about the Intellectual Roots of anti-Shi'ism«, in: Roel Meijer (Hrsg.), *Global Salafism. Islam's New Religious Movement*, London, Hurst 2009, S. 107–125 (S. 112–113).

10 Human Rights Watch, »*You Can Still See Their Blood*«. *Executions, Indiscriminate Shootings, and Hostage Taking by Opposition Forces in Latakia Countryside*, Oktober 2013, S. 64–66 und passim.

11 David Ignatius, »Stopping an Awakening in Iraq Before it Can Start«, in: *Washington Post* vom 21. November 2014.

12 Ben Hubbard, »Sunni Tribesmen Say ISIS Exacts Brutal Revenge«, in: *New York Times* vom 30. Oktober 2014.

13 Bassem Mroue, »Islamic Militants Crush Tribal Uprising in Syria«, in: *Associated Press* vom 11. August 2014.

14 Barrett, *Islamic State*, S. 33–34.

15 Caris/Reynolds, *ISIS Governance in Syria*, S. 20–21.

16 Eckart Woertz, *How Long Will ISIS Last Economically?*, Barcelona, CIDOB (Notes Internationales 98), Oktober 2014, S. 2. Vgl. auch Barrett, *Islamic State*, S. 48.

17 Woertz, *ISIS*, S. 2.

18 Im Bericht des IS zur Verwaltung der Provinz Aleppo findet sich ein Bild der Finanzbehörde der Grenzstadt Dscharabulus. http://justpaste. it/HalabReport.

19 Matthew Levitt, *Terrorist Financing and the Islamic State*, Testimony to the House Committee on Financial Services, 13. November 2014. http://financialservices.house.gov/uploadedfiles/hhrg-113-ba00-wsta-te-mlevitt-20141113.pdf.

20 Rukmini Callimachi, »The Horror Before the Beheadings: ISIS Hosta-ges Endured Torture and Dashed Hopes, Freed Cellmates Say«, in *New York Times* vom 25. Oktober 2014; Barrett, Islamic State, S. 48.

21 Levitt, *Terrorist Financing*.

»Der Islamische Staat wird bleiben«: IS gegen al-Qaida

1 Abd ar-Rahman al-Hajj, »Abu Khalid as-Suri von der ›Kämpfenden Avantgarde‹ zu den Ahrar ash-Sham über al-Qaida« (Arabisch), in: *al-Hayat* vom 28. Februar 2014.

2 Husain, *az-Zarqawi*, S. 27.

3 Ebd., S. 35.

4 N. Elisséef, »Nur al-Din Mahmud b. Zanki«, in: *Encyclopedia of Islam*, 2. Aufl., Bd. VIII, Leiden 1995, S. 127–133.

5 Az-Zarqawi, »Eine islamische Regierung im Irak« (Arabisch), in: *al-Hayat* vom 10. September 2004.

6 Hassan M. Fattah, »Jordan Arrests Key Suspect in Rocket Attack«, in: *New York Times* vom 23. August 2005.

7 Zawahiri führte diese Strategie in einem 2001 erschienenen Buch aus: *Ritter unter dem Banner des Propheten* (Arabisch), o.O., o.D. [2001].

8 Brief von Abu Muhammad Aiman az-Zawahiri an Abu Musab az-Zar-qawi (Arabisch), o.O., 9. Juli 2005, http://fas.org/irp/news/2005/10/ letter_in_arabic.pdf, Zugriff am 23. Oktober 2014.

9 Ebd.

10 Ebd.

11 Ibrahim Humaidi: »Die Erklärung Zawahiris steigert die Spannung zwischen ›Daish‹ und ›Nusra‹« (Arabisch), in: *al-Hayat* vom 10. November 2013.

12 Neben Baghdadi führen aktuell nur der Taliban-Führer Mullah Omar und der König von Marokko diesen Titel.

13 Mushriq Abbas, »Blutige, nicht erklärte ›Feiern‹ zwischen ›Nusra‹ und ›Daish‹« (Arabisch), in: *al-Hayat* (Saudi-arabische Ausgabe) vom 1. April 2014.

14 Im Text spricht er davon, dass er den Gefolgschaftseid »erneuere«. Vgl. »›an-Nusra‹ schwört Aiman az-Zawahiri Gefolgschaft und distanziert sich von der Erklärung des irakischen Zweiges« (Arabisch), in: *al-Hayat* vom 11. April 2014.

15 Zum englischen Text der Botschaft vgl. »Translation of al-Qaeda chief Ayman al-Zawahiri's Letter to the Leaders of the Two Jihadi Groups«, http://s3.documentcloud.org/documents/710588/translation-of-ayman-al-zawahiris-letter.pdf, Zugriff am 26. April 2014.

16 Al-Furqan, »Audiobotschaft von Abu Bakr al-Baghdadi ›Baqiya fi l-Iraq wa-ash-Sham‹«, 14. Juni 2014, http://www.youtube.com/watch?v=I7AvJvC8vfs, Zugriff am 24. April 2014.

17 Behnam T. Said, *Islamischer Staat. IS-Miliz, al-Qaida und die deutschen Brigaden,* München, Beck 2014, S. 88–89.

18 Der Text der Erklärung findet sich auf http://www.arrahmah.com/arabic/tnzym-qadt-al-jhad-al-qyadt-al-amt-byan-bshan-alaqt-jmat-qadt-al-jhad-bjmat-ad-dwlt-al-islamyt.html, Zugriff am 15. April 2014.

19 Tamir as-Samadi, »Maqdisi gibt ›Daish‹ die Verantwortung für das Scheitern der Waffenruhe mit den islamischen Gruppen« (Arabisch), in: *al-Hayat* vom 3. März 2014.

20 Barrett, *The Islamic State*, S. 16.

21 Aymenn Jawad Al-Tamimi, »The Islamic State of Iraq and Al-Sham«, in: *MERIA* 17, Nr. 3 (Herbst 2013), S. 19–44 (S. 21).

22 Mark Galeotti, »Caucasus Crossroads. Russian Insurgency Reaches a Turning Point«, in: *Jane's Intelligence Review*, Mai 2014, S. 14–19 (S. 14 und 19).

23 Alan Cullison, »Meet the Rebel Commander Assad, Russia and the U.S. All Fear«, in: *Wall Street Journal* vom 20. November 2013.

»Die Schlacht zwischen Glauben und Unglauben«: Deutsche und Europäer beim IS

1 At-Tibyan, *Der islamische Staat von Irak und Sham* (Video), o.O. [Nordsyrien], o.D. [März 2014].

2   Oberster Gerichtshof der Republik Österreich, *Ablehnung der Nichtigkeitsbeschwerden im Fall Mohamed Mahmoud,* Wien, 27. August 2008, S. 9.

3   *Der ›Medienjihad‹ der Islamisten,* Senatsverwaltung für Inneres und Sport. Abteilung Verfassungsschutz, Berlin, März 2008, S. 7 f.

4   Husain, *az-Zarqawi,* S. 66.

5   Guido Steinberg, *al-Qaidas deutsche Kämpfer. Die Globalisierung des islamistischen Terrorismus,* Edition Körber-Stiftung, Hamburg 2014, S. 95.

6   Zur Sauerland-Gruppe im Detail vgl. Steinberg, *al-Qaidas deutsche Kämpfer,* S. 88–112.

7   Ebd.

8   Zu seiner Biographie im Detail vgl.: *Denis Cuspert – eine jihadistische Karriere,* Senatsverwaltung für Inneres und Sport. Abteilung Verfassungsschutz, Berlin, September 2014, passim.

9   Solche Drohnen wurden beispielsweise für Luftaufnahmen der von IS gehaltenen Stadt Falludscha genutzt.

10 Scott Shane und Ben Hubbard, »ISIS Displaying a Deft Command of a Variety of Media«, in: *New York Times* vom 30. August 2014.

11 Terrence McCoy, »The Brutality of ›Jihadi John‹, the Islamic State Militant Who Decapitated James Foley, in: *Washington Post* vom 22. August 2014.

12 Peter Allen und John Hall, »Now Two Frenchmen are Revealed as ISIS Executioners Who Butchered 18 Syrian Soldiers«, in: *Daily Mail* vom 19. November 2014.

13 Auf Englisch erschienen bis Ende 2014 vier Ausgaben, die ersten beiden wurden auch ins Deutsche übersetzt.

14 »The Return of the Khilafah«, in: *Dabiq,* Ausgabe 1, Ramadan 1435, passim.

15 Michael S. Schmidt, »ISIS Uses Andre Poulin, a Convert to Islam, in Recruitment Video«, in: *New York Times* vom 15. Juli 2014.

16 Im April 2014 veröffentlichte ISIS einen »Videonashid« von Denis Cuspert mit dem Titel »Für Allah und Sein (sic!) Gesandten«, in dem zwölf Vermummte gegenüber von Cuspert positioniert sind und den deutschen Refrain singen. Vgl. at-Tibyan, »Für Allah und Sein Gesandten«, April 2014.

17 »30 österreichische Jihadisten im Kampf getötet«, in: *Die Presse* (online) vom 13. Oktober 2014.

18 At-Tibyan, »Der islamische Staat«.

19 Es handelt sich um einen *hadith* in der besonders angesehenen Sammlung von Muslim (Sahih Muslim). Eine englische Übersetzung des Textes findet sich in: Jean-Pierre Filiu, *Apocalypse in Islam,* Berkeley and Los Angeles 2011, S. 16.

20 Dies ist die Übersetzung eines IS-Propagandisten in der deutschen Ausgabe von *Dabiq:* »Die Rückkehr der Khilafah«, in: *Dabiq,* Ausgabe 1, Ramadan 1435, S. 5. Das Originalzitat findet sich einer Rede Zarqawis von 2004 oder 2005. Abu Musab az-Zarqawi, *Wo sind die Leute mit den ritterlichen Tugenden?* (Arabisch), o.O., o.J., S. 9.

21 William McCants, »ISIS Fantasies of an Apocalyptic Showdown in Northern Syria«, in: *Markaz* (Brookings), 3. Oktober 2014; http://www.brookings.edu/blogs/markaz/posts/2014/10/03-isis-apocalyptic-showdown-syria-mccants, Zugriff am 12. Dezember 2014.

22 Alhayat Media Center: *Message from Dabiq,* o.O. [Dabiq], o.D. [Oktober 2014].

Ein langer Kampf steht bevor

1 Michael R. Gordon und Eric Schmitt, »Iraq Said to Seek U.S. Strikes on Militants«, in: *New York Times* vom 11. Juni 2014.

2 »Transcript of Obama's Remarks on the Fight Against ISIS«, in: *New York Times* vom 10. September 2014.

3 »Reflections on the Final Crusade«, in: *Dabiq*, Ausgabe 4, Dhul-Hijjah 1435, S. 32–44 (S. 44).

4 Mark Mazzetti, Michael S. Schmidt und Ben Hubbard, »U.S. Suspects More Direct Threats Beyond ISIS«, in: *New York Times* vom 20. September 2014.

5 Mark Mazzetti, »A Terror Cell That Avoided the Spotlight«, in: *New York Times* vom 24. September 2014.

6 Matthew Levitt, »The Khorasan Group Should Scare Us«, in: *Politico* vom 25. September 2015.

7 Ben Hubbard und Eric Schmitt, »American Fighter Jets Carry Out Series of Airstrikes Against Qaeda Cell in Syria«, in: *New York Times* vom 6. November 2014.

Ausgewählte Literatur

Barrett, Richard, The Islamic State, The Soufan Group, November 2014

Brisard, Jean-Charles, Das neue Gesicht der Al-Qaida. Sarkawi und die Eskalation der Gewalt, Propyläen Verlag, Berlin 2005

Caris, Charles C./Reynolds, Samuel, ISIS Governance in Syria, Institute for the Study of War, Middle East Security Report 22, Juli 2014

Dodge, Toby, Iraq. From War to a New Authoritarianism, International Institute for Strategic Studies (IISS), London 2012

Fishman, Brian, Dysfunction and Decline. Lessons Learned from Inside Al Qa'ida in Iraq, Combating Terrorism Center at West Point, 16. März 2009

Fishman, Brian, Redefining the Islamic State. The Fall and Rise of Al-Qaeda in Iraq, New America Foundation, August 2011

Günther, Christoph, Ein zweiter Staat im Zweistromland? Genese und Ideologie des »Islamischen Staates Irak«, Ergon-Verlag, Würzburg 2014

Hokayyem, Emile, Syria's Uprising and the Fracturing of the Levant, International Institute for Strategic Studies (IISS), London 2013

Husain, Fuad, az-Zarqawi. Die zweite Generation von al-Qaida (Arabisch), Dar al-Khayyal, Beirut 2005

Knights, Michael, »ISIL's Political-Military Power in Iraq«, in: CTC Sentinel, Bd. 7, Nr. 8 (August 2014), S. 1–7

Knights, Michael, »The JRTN Movement and Iraq's Next Insurgency«, in: CTC Sentinel, Bd. 4, Nr. 7 (Juli 2011), S. 1–6

Levitt, Matthew, Terrorist Financing and the Islamic State, Testimony to the House Committee on Financial Services, November 13, 2014. http://financialservices.house.gov/uploadedfiles/hhrg-113-ba00-wstate-mlevitt-20141113.pdf

Lewis, Jessica D., Al-Qaeda in Iraq Resurgent. The Breaking the Walls Campaign, Teil I, Institute for the Study of War, Middle East Security Report 14, September 2013

Said, Behnam T., Islamischer Staat. IS-Miliz, al-Qaida und die deutschen Brigaden, C.H.Beck Verlag, München 2014

Steinberg, Guido, al-Qaidas deutsche Kämpfer. Die Globalisierung des islamistischen Terrorismus, Edition Körber-Stiftung, Hamburg 2014

Steinberg, Guido, »Down, but Not Out. Wounded AQI is Not Finished Yet«, in: IHS Jane's Security and Military Intelligence Consulting, Relationships and Rivalries. Assessing Al-Qaeda's Affiliate Network, Oktober 2010, S. 24–29

Steinberg, Guido, Der nahe und der ferne Feind. Die Netzwerke des islamistischen Terrorismus, C.H.Beck Verlag, München 2005

Steinberg, Guido, »Jihadi-Salafism and the Shi'is: Remarks About the Intellectual Roots of Anti-Shi'ism«, in: Roel Meijer (Hrsg.): Global Salafism. Islam's New Religious Movement, Hurst, London 2009, S. 107–125

Wagemakers, Joas, A Quietist Jihadi. The Ideology and Influence of Abu Muhammad al-Maqdisi, Cambridge University Press, Cambridge 2012

Glossar

Ahrar ash-Sham »Die Freien Männer Syriens«, eine salafistische Rebellenorganisation in Syrien

Alawiten eine in Syrien, dem Libanon und der Türkei verbreitete Sekte, die aus dem Schiitentum hervorgegangen ist

Amir al-Mu'minin »Befehlshaber der Gläubigen«, einer der Ehrentitel des Kalifen

Ansar al-Islam »Die Helfer des Islam«, eine dschihadistische Organisation im Irak

Ayatollah »Zeichen Gottes«, Rang und Ehrentitel schiitischer Geistlicher

Baath-Partei »Wiedererweckungspartei«, herrschte im Irak bis 2003, in Syrien bis heute

Baathisten Angehörige und Anhänger der Baath-Partei

Dschaish al-Islam »Armee des Islam«, eine salafistische syrische Rebellengruppe

Dschaish al-Muhadschirin wa-l-Ansar »Armee der Auswanderer und Unterstützer«, eine tschetschenische Rebellengruppe in Syrien

Dschihad im Zusammenhang dieses Buches: »Heiliger Krieg«

Dschihadisten militante Islamisten, die den »Heiligen Krieg« als eine zentrale Glaubenspflicht betrachten

Emir »Fürst«, »Befehlshaber«, auch: »Anführer«

Fatimiden eine schiitische Dynastie in Nordafrika, herrschte 909–1171

FSA Freie Syrische Armee, Sammelbegriff für überwiegend nichtislamistische syrische Rebellengruppen

GIA Groupe Islamique Armé, »Bewaffnete Islamische Gruppe«, eine algerische dschihadistische Gruppe in den 1990er Jahren

GIMF Globale Islamische Medienfront, eine unabhängige dschihadistische Medienstelle

hadith Überlieferung über Aussagen und Taten des Propheten Mohammed

Hisba mittelalterliche Marktaufsicht, Name der IS-Religionspolizei

Hizbullah »Partei Gottes«, schiitische islamistische Organisation im Libanon

IBU Islamische Bewegung Usbekistans, usbekische dschihadistische Gruppierung mit Sitz in Pakistan

IJU Islamische Dschihad Union, usbekische dschihadistische Gruppierung mit Sitz in Pakistan

Imam »Vorbeter«, Anführer der Gläubigen bei den Schiiten

IS »Islamischer Staat«, Organisationsname seit Juni 2014

ISI »Islamischer Staat im Irak«, Organisationsname des IS Oktober 2006 bis April 2013

ISIS »Islamischer Staat im Irak«, Organisationsname des IS April 2013 bis Juni 2014

Islamismus auch: »politischer Islam« oder »Fundamentalismus«, im 20. Jahrhundert entstandene Bewegung, die auf die Errichtung »islamischer Staaten« abzielt

Jesiden Monotheistische religiöse Minderheit im Nordirak, Nordostsyrien und der Südosttürkei

Kalif von arabisch »Khalifa«, Nachfolger des Propheten

KDP Demokratische Partei Kurdistans

Millatu Ibrahim »Gemeinschaft Abrahams«, deutsche dschihadistische Gruppe, 2011 gegründet

Mudschahidin die im »Dschihad« kämpfen, Glaubenskämpfer

Muslimbruderschaft die wichtigste islamistische Organisation, gegründet in Ägypten 1928

Naqshbandiya-Armee »Dschaish Ridschal at-Tariqa an-Naqshbandiya«, »Armee der Männer des Naqshbandiya-Sufiordens«, eine baathistische irakische Rebellengruppe

Nusra-Front »Hilfsfront für die Menschen Syriens« (Dschabhat an-Nusra li-Ahl ash-Sham), eine syrische dschihadistische Organisation

Peschmerga »die dem Tod ins Auge sehen«, Truppen der irakischen Kurdenparteien KDP und PUK

PKK Arbeiterpartei Kurdistans, eine kurdische militante Organisation in der Türkei

PUK Patriotische Union Kurdistans, eine irakische Partei

PYD Partei der Demokratischen Union, syrischer Ableger der PKK

Salafisten Gefolgsleute der »frommen Altvorderen« (as-salaf as-salih), Anhänger einer sunnitischen islamistischen Strömung

Scharia islamisches Recht

Schiiten Angehörige einer muslimischen Glaubensrichtung

Shaikh Ehrentitel eines Stammesführers oder Gelehrten

Sham al-Islam »Syrien des Islam«, von Marokkanern gebildete dschihadistische Gruppierung in Syrien

Sunna Sammlung der Überlieferungen über Aussagen und Taten des Propheten Mohammed (die sogenannten hadithe)

Sunniten Angehörige einer muslimischen Glaubensrichtung

Suqur al-Izz »Falken der Größe«, von Saudi-Arabern gebildete dschihadistische Gruppierung in Syrien

Taliban »Religionsstudenten«, Name einer afghanischen militant-islamistischen Organisation

Tauhid »Monotheismus«, Name der Vorgängerorganisation von IS bis Anfang 2004

at-Tauhid wa-l-Jihad »Monotheismus und Heiliger Krieg«, Name der Vorgängerorganisation von IS von Januar bis Oktober 2004

Umma »Gemeinschaft der Gläubigen«

Wahhabiten Anhänger der »Wahhabiya«, einer islamischen Reformbewegung in Saudi-Arabien

YPG »Volksverteidigungskräfte«, Truppen der PYD

Zengiden/Zangiden türkische Dynastie in Syrien und im Irak (1126–1262)